精神障害のきょうだいがいます

兄弟姉妹の会編

心願社

まえがき

本書に収められた二三編の体験談を一読して、「参った！」と思った。ここには精神病を発症し、精神障害を抱えもつ人と共に生きるきょうだいの実体験が、包み隠さずに描かれている。読む人にとっては、暗い悲惨な物語と写るかもしれない。それでもよいではないか。これは本当のことなのだから。本当だから、胸を打つ。

兄が発症して四〇年以上が過ぎた。私は長い間、自分の体験を語ることができなかった。最初の一〇年は、本人も家族も症状の嵐に巻きこまれた。その渦中にあって、私はとても混乱し、傷ついていたのだと思う。

私の体験を語ることは、相手を信頼することだ。受け止められるという信頼がなければ、こわくてとても語れない。私の体験を語ることは、今の自分を受け入れることだ。受け入れなければ、そもそも言葉にすることができない。そして、私の体験を書くということは、自分を見つめることだと思う。見つめないではいられない心。見つめることはおそろしい心。その心の深淵を覗き込んで、この二三編の体験談は執筆されている。

昭和五七年の春、私は、東京・五反田駅近くの古いビルの一室を訪ねた。そこは（財）全国精神障害者家族会連合会の事務局分室だった。当時、私は、診療所デイケアのスタッフを経て、専業主婦となっていたが、心の奥に棘のように引っかかるものがある。それは、郷里での高齢の両親と、障害をもつ兄との閉鎖的な暮らしだった。

その後私は、地域家族会やきょうだい会の立ち上げに関わり、参加するようになる。そこで私は、共鳴するような多くの聞き手と出会って、心を解き放ち、少しずつ言葉を獲得していったように思う。

執筆者は泣きながら書いていると、随所で思わされた。私も泣きながら読んだ。二三編すべてに「あの時の私がここにいる」と思う。

この本は二三編に分かれた一つの長い物語だとも思える。一つ一つの体験が積み重なって縦横の糸が紡ぎあわされる時、個々の体験の枠組みを超えた、「体験的知識」となって普遍化される。

横糸は体験から生まれた気持ち、縦糸は体験から生まれた知恵である。体験的知識は時として、その人の「生きる意味」まで気づかせることになる。同じ体験をもつ仲間と語り合うことが、とても大切なことなのだと、いまさらながら教えられる。

執筆者らは言う。「いま心の病のきょうだいを抱えて、苦しんでいる人の目にとまれば幸いです。そのために私は書く」とも。本書は、誰でもない「私からあなた」への手紙である。

執筆に向かう膨大なエネルギーを浴びて、読み終えた時あなたは、心を洗われるような不思議なエネルギーに満たされるに違いない。

三橋良子

まえがき　三橋良子　3

第一章　きょうだいへの想い
●家族に光がさした日　比多野ヨーコ　11
●逃げみち　長坂優子　27
●長期入院の兄を想って　橋本妹子　38
●置いてきてしまった夢　円平健　44
●なぜ、ふたりも精神障害なの？　相羽富江　51
●時にはやさしく、時には対決するしかないだろう　大久保文夫　58

第二章　きょうだいからの贈り物
●あの日の妹　高橋桃子　65
●現実をありのままに　鈴木陽子　77
●母さん、兄ちゃん、安心して　阿部浩二　84
●病気に出会って、いまは感謝　成川祐己　91
●共に生きる社会を　山咲夢香　101

第三章　共に生きる社会を求めて

●私は諦めることができない　神谷かほる　107
●ありがとう兄さん、幸せになろうね　松本美千子　117
●私が生まれてきた意味を求めて　永野容子　121
●きょうだいとして生きて　杉山幸子　129
●精神障害者の姉になって思うこと　小林綾香　138
●交通事故がきっかけになって　渡辺悦雄　147

第四章　きょうだいとの別れ

●姉を見送って　高橋敬臣　157
●優しさと偽善　長谷川裕子　167
●兄ちゃんは心まで病んでいなかった　名村忠　172
●姉の人生、私のこれから　山本由美子　182
●見捨てられない兄弟とのきずな　大原修好　186
●弟の闘い　夏野隆明　197

あとがき●檸檬の水母　小沼洋行　217

装丁　飯村一男
イラスト　花月

第一章　きょうだいへの想い

家族に光がさした日

比多野ヨーコ

姉に対する複雑な想い

姉は市内にある精神障害者のための授産施設に週五日、五時間半ずつ通い、洗濯や裁縫の仕事をしている。能力給で一ヶ月約二万七〇〇〇円もらえるらしい。通所者のなかでは多くもらえているほうだ。

絵や演劇のサークル活動にも参加し、休日は母や私と買い物に出かける。調子がよければ、日々の夕飯の支度や、両親と私との四人家族の家事もこなしてくれる。月に一度だけ、離婚した夫と暮らす四歳の娘に会うことが許されている。会えるのは保育園内のみで二時間くらい。ほかの家族は会うことすら許されていない。

「仲がよい姉妹」とか「お姉さん思いの妹さん」と言われるが、姉には書ききれないほどの複雑な思いがある。

私たちが幼いころから、母は働きに出ていて、姉と過ごす時間が多かった私にとって、彼女は頼るべき存在であったが、いじめられることも多かった。

目立つことが好きで人気者だった姉を嫉妬した時期もある。デザイン専門学校に進んだ姉が、学校を休むようになり、母との喧嘩が絶えなくなった。家族のだれ一人として姉の不調が精神の病気の兆候であるとは思いもしなかった。

美術大学進学をきっかけに県外に引っ越した私を追うように姉は家を出てしまい、二人で助け合う生活が四年続いた。なんでも相談できる友になった。

その間に私は失恋と制作に行き詰まり、インドへ旅立った。五ヶ月して元気に帰国したが、日本とのギャップからアパートに引きこもるようになった。当時、染色の仕事をしていた姉は心配して私を訪ねてきてくれた。姉がそばにいてくれたから私は抜け道の見えない闇から抜けることができたのかもしれない。

ときどき、ふと思う。あのときどうして私は病気にならないで、姉だけがなったのだろうと。

姉の発病と入院

姉が発病したのはそれから七年後だった。大学を卒業した私はアルバイトでお金をためたあと、アジア・中東・ヨーロッパ・アフリカを二年半かけて旅をしていた。手紙を送り、姉からの返信はいつも充実している内容だった。精一杯の強がりだったかもしれない。

長旅から帰った私を待っていたのは、痩せて変わり果てた姉の姿だった。ニヤニヤ笑って部屋の隅にずっと立っていた。県外に住んでいた姉の様子がおかしいので、両親が無理に実家に引き戻したらしい。

恋愛がきっかけだった。姉がいちばん私にそばにいて欲しかっただろうときに、私はそうしてあげられなかった。

「嫁入り前の娘だから」と父は受診を拒否した。「親戚にそんな病気の人はいないから、そっと家で休めば治る」と言った。

私も母も病気に対してあまりに無知だった。頼れる人も相談するすべすら知らなかった。姉はそれから二年間服薬も受診もなく、不安定なときを過ごすしかなかった。そのころ家族会や兄弟姉妹の会を知るすべがあったら、よかったのにと思う。

とにかく両親が娘の病名を知らされたとき、彼女は病院の保護室という檻のなかで疲れ果てて、うずくまっていた。その後、実家に戻った私と両親と四人で暮らすようになり、落ち着きを取り戻していったが、家族のだれも病気を受け入れることができず、突然私たちにやってきた不幸な出来事から目をそむけていた。

私は海外で仕事をもち、暮らすという夢を捨てきれず、しばらく海外に行く機会をもったが、帰国する私を待っているのは決まって調子を崩して興奮ぎみな姉か、暗い無口な姉だった。うつぎみで寝てばかりの姉を家族はもてあましていた。

たまに調子がよくなり、笑顔を取り戻すと、だれもが明るくなった。家族にとって共通の関心と話題は姉のことだった。姉は家族にとって、私たちを時折照らす太陽みたいだなと思ったことがある。彼女が明るいとみんなほっとし、暗ければ同じように暗かった。

私はあせっていた。姉が自分をいつも意識しているように思えた。姉のために話しても姉としてのプライドが邪魔して聞いてもらえなかった。はりあっているのかと思った。私が体調を崩し、会社を休むと、はりきって世話をしてくれた。妹が偉そうに意見するのは気に入らないようだった。

急性期になると私の知り合いを訪ねたり、気にしていることをわざと言ったり、衣類を勝手に着たりした。なんでも話してきたことを後悔し、次第に話すことを制限するようになった。元気になって、しっかり自分の道をみつけてほしい、自分が解放されたい思いからそう願っていただけだったのかもしれない。

父は「俺が死ぬときに、いっしょに連れていくから」と背中を見せ、町に知り合いばかりの母はかたくなに病気を認めず、相談する相手もいなかった。ただ、娘を思う気持ちは計り知れない。言葉は少なくても、娘を思いやる愛情はじゅうぶん伝わった。

家族会との出会い

私が家族会にたどりつけたのは、四度目の入院のあとだ。発病から九年が経っていた。私がスペインにいたことと、父が入院したことが重なっての不安から眠れなくなり、母が姉に父の見舞いをさせないようにしたことで、母はたたかれたり、家に入れてもらえなくなったりしたらしい。

両親の怒りはピークに達していた。父は自分の療養より娘の病状を心配しなければならず、母は仕事と父の世話と娘とのかかわりで、疲れ果てていた。帰国した私を姉は待っていなかった。県外に旅立ち、強制入院させられた。

「土下座して謝るまで今回は出してやらないと伝えてくれ」と父が言った。鍵のかかった冷たい戸の向こうで、空の一点を表情なく見つめ、足踏みしている姿が見えた。ずっと自分が来るのを待っていたかと思うと、涙があふれた。

泣くことも笑うことも忘れた姉が「おかえり」と言って、また足踏みした。父の言葉を伝えた私に意外な言葉が帰ってきた。

「ここから出たいと思わない。ちょっと不自由なだけで、天国みたい。何もしなくても、何も考えなくても、だれも何も言わないし、とても楽だから」

言葉を失った。惨めだと思った。

初めて、強い気持ちが湧き、繰り返したくないと思った。二度とこんな姉に会いたくなかった。このときが転機となり、家族会、作業所にたどり着き、年金がもらえることや、医療補助を知った。ドキドキしながら、初めて家族会に行った日、会長さんが「みなさん、元気になるよ。女の人は年取ると落ち着くから」と笑顔で言ってくださった。

出口の見えない闇のなかで初めて未来に希望がもてた。同じ病名の人たちが欠かさず薬を飲みながらも元気にがんばっている姿に接しながら、姉は自分の病と向き合うようになった。ときに戻ったり、立ち止まったりしているように見えたが、家族も忍耐強く見守れるようになっていた。

作業所でもらえる賃金は交通費にも満たず、障害年金をもらうとき、「精神障害者のレッテルを貼られるみたいでいやだ」と言う姉に、「ハンディがあるのだから、疲れちゃうでしょ。疲れる分でもらえるのだから。働かなくていいわけじゃないよ。私と同じだけ給料もらえるぐらい回復したら、いつでもやめたらいいじゃない」と言うと、「そうだよね」と納得した。

姉の結婚と出産

二年ほど経ったころ、姉にボーイフレンドができ、休みにもうれしそうに出かけるようになった。家族会をきっかけに後ろ向きだった父がようやく障害者であることに理解を示すようになり、市内の新しい家族会の会長を引き受け、ほかの当事者や家族への話しかけまでするようになっていた。

母も少しずつ姉の病気を受け入れ、態度がやわらいだ。姉の結婚の希望に反対する理由もなかった。相手の人は作業所に出入りしていた不安神経症の人で、細々だが自営の仕事をしていた。病気についても理解を示してくれた。

そのようななかで妊娠したことが分かり、みな戸惑った。年齢が四〇歳でタバコを吸っており、安定剤を飲んでいて、健常者の子どもが産めるのだろうか。保障も確信もないいま、家族でもめた。

相手の家族は複雑な事情で相談すらできず、お母様だけが、「決めるなら早いほうがいいと思います。お任せしますから」と言いに来た。

産婦人科医からは、「タバコや薬はやめてから計画的に作るべきでしたね」と言われ、安定剤については、「飲まなくて精神的に安定できるんですか」と言われた。精神科医からは、「なるべく胎児に影響の少ない薬に変えておきましょう」と言われた。

私たちの立場にたって、話をしてくださっているようには思えなかった。精神障害者の出産の例を知らないようだった。県の精神保健センターに問い合わせても、「分からない」と言われた。

相談するところがなく、答は見つからなかった。全家連の相談窓口に電話したら、年配の女性が出て、「健康な赤ちゃんかどうかというデータはありませんけど、私の知っている方たちは、みなさん元気なお子さんを産んでいますよ」と言ってくださった。その言葉だけが家族のわずかな希望になった。いまはお礼も言えなくなってしまったが、心から感謝している。

「障害者だったらとても育てる自信がない」と言う姉に、出産を決意した日本の身体障害者の人の話をした。その方の病気は遺伝するものだった。テレビに映った彼女は、「自分は障害をもって生まれたけれど、こんなに多くの人に暖かく見守られて幸せでいるから、この子も自分と同じように幸せな道を歩んでくれるでしょう」と微笑んだ。

姉は、「私はそんなに強くないけど、病気で困ったときは、みんなで支えてくれればいいじゃない。私だって、結婚して子どもがほしいと思っていたから」と言った。

母は、「きれいごとばかり言って、現実はもっときびしいの。どれだけあなたのことで苦労させられ振り回されたか、このうえまだ孫まで面倒見てかなきゃいけないの」となげいた。父は、「障害のある子ならやめとけ」と言った。

長い話し合いのなかで、「とてもできるはずのない年齢でできたのだから、神様の贈り物だと思っていい方向に考えよう。やれることは協力しよう」ということで落ち着いた。そして姉は結婚し、市外に住み、そこから作業所へ通った。

作業所や家族会の人たちがお祝いしてくださった。順調に元気な女の子を出産した。両親は思いがけず、かわいい孫を抱くことができ、大喜びで、このときが姉にとっていちばんの恩返しだったに違いない。

夫との不和、再入院、離婚と幼子との別離

発病以来、十数年間自分のことで精一杯だった姉が、夫と子どものため家事と育児と洋裁までこなしていた。ひきこもりの生活からやっと手に入れた主婦、母、妻という肩書き。姉は初めて病気から解放され輝いて見えた。作業所から遠のくと、話す人がなく実家によく訪れた。

結婚を承諾したとき、「病気の症状が悪化したら、子どもともどもすぐ実家に返してもらい、休ませてほしい」と義兄には話してあったのに、家族関係をひがみ、姉が実家に帰ることを制限した。不安神経症の義兄は子どもの世話を全面的に自分の母親と保育園にまかせ、姉には自分への気遣いを求めているようだった。

義兄の主治医が、「ご主人を気遣ってあげてください」と言った。夫の借金、生活費の工面、姑への気づかれ、育児の制限、実家への制限、話し合いもできず怒鳴る夫、次第に姉は精神的に追い詰められていった。

子どもがやんちゃするようになると、姉や子どもに怒鳴り襖をやぶったり物に当たるようになったりして、姉は離婚を考えるようになった。姑はそんな息子に常に従順になるし

かなかったようだ。

　親権を得るために精神障害者のレッテルをはずしてほしいと願い、服薬がおろそかになり、病状が悪化した。私たち家族はそんな姉に精一杯で、子どもは義兄とその母親に頼むしかなかった。実家に帰った姉は眠らず一日中徘徊した。五年間入院せず、病識があると信じた私たちの信頼は見事に裏切られた。

　入院するベッド空きがなく、遠くの慣れない病院に入院するしかなかった。幸いだったのは初めて親身に話を聞いてくださる先生に出会えたことだ。姉は、「いちばん信頼できるのは妹」と先生に話したらしい。私は知る限りの姉のいきさつを話し、先生は忙しいなか、一時間以上もかけて聞いてくださった。

　入院して間もなく落ち着きを取り戻した姉だったが、義兄は、「自分が安心できると判断するまで退院させない」と言った。「面会に来ても不安や愚痴を聞かされる」と姉がなげいた。私たち家族には、「障害者と結婚してやった」「将来が不安だからいま遺産を分けてくれ。子どものために家を建ててくれ」と要求した。

　義兄への不信感はピークに達していた。担当医が、「実家に退院したらどうか」というと、姉に「実家に一日でも帰ったら離婚する」と離婚届を突きつけた。障害者だからといって、どうしてこうまで言われ、おどされ、黙っていなければいけないのか。急性期のあとで気力を失いながらも、姉は子どもとの生活を守るため黙って耐えるしかなかったようだ。

母は仕事で疲れながらも、言われるままに孫の世話をしに通ったが、気疲れから交通事故を起こしそうになったという。終わりの見えない入院費用も母が負担していた。すでに三ヶ月を超えようとしていた。

私はやりきれなさから姉や母に当たってしまった。母は、「だから出産を反対したのに。子どもがいなければ、こんなにつらい思いをしなくてすんだ。お前の言うように理想でうまくなどいかないよ」と私を責めた。

結婚した姉の保護者は義兄で、私たちには姉を助ける権利すらなかった。外泊しても言葉の暴力と離婚届を前にして、子どもとの生活を守るため姉は必死で耐えていたのだと思う。愚痴をこぼす義兄に姉の担当医が、「いまは奥さんの病気を第一に考えてあげましょう」と言うと、いきなり診察室を飛び出し、戻ってきて、「先生は僕のことを何も考えてくれないのか」と怒鳴ったらしい。

それがきっかけとなり、とうとう姉は、「実家に帰りたい」と言った。それは同時に離婚を意味していたが、子どもをあきらめたわけではなかった。話にならない義兄とは離婚調停の場をもつしかなく、子どもに会うことも許されず、保育園で門前払いになった姉は、「私だって母親なのに」と涙した。くしくも世間では池田小学校の殺傷事件がさわがれている最中だった。

義兄は調停の場でも相変わらず感情をコントロールできず、醜態を見せていたらしい。調停委員は姉に同情を示していたが、「子どもの生活の場を変えない」ということが何よりも優先され、「月に一度、母親限定、保健婦付き添い、保育園内での面会」という条件と引き換えに親権を譲った。裁判に持ち込めば子どもに会える日が遠のき、最悪会えなくなると思った姉は同意した。

弁護士は、「子どもさんを無理に連れて来られませんか」と言ったが、そんなことをしたら、逆上した義兄が何をするか計り知れず、家族を守るため行動には移せなかった。

だれが悪いわけでもない

姉の病気が再発する前に子どもを連れて帰ってきたことがある。

「もうこれ以上がまんできない」と言う姉に、「母親としてがんばらなきゃ。子どもがかわいそうでしょ」と意見し、夫のもとへ帰したことをいまさらながら後悔した。

満足いく結果ではないが、退院後すぐで心労続きの姉にとって、弁護士は充分支えになってくれたと思う。弁護士は最後に自分が離婚した父に育てられ、大人になって実母に再会できたことが人生の救いになったことを話してくださり、「子どものために元気でさえいれば、向こうから会いに来るようになりますよ」と言った。

虐待の不安については、「いつも子どもさんを守るアンテナをもっていてください。法律で守ることは長い時間と手間がかかることですから」と付け加えた。

姉の子どもは私たち家族の心配をよそに、すくすくと成長している。姉は子どもに服を作るため洋裁を習い始め、できた服は手渡せず送っている。月に一度の子どもとの面会を楽しみにし、体調に気をつけるようになった。子どもの機嫌がよかった日は、「お母さんと呼んでくれた」と喜んでいる。

「いっしょに暮らせなくても会えないわけじゃないし、産んでよかった。調停でがんばったし、あの子が大きくなったらお母さんはあなたを見捨てたわけじゃないと言ってあげたい」と姉が言った。

だれが悪いわけでもなかった。姉の元夫もつらい日々を送ったことは同じだ。やりきれないのは、姉のように子どもをかわいがり、障害者でありながらも精一杯育てていた母親が子どもと暮らせず、保育士や祖母が面倒をみているという現実。私なら障害をもった母親であれ、実の母のそばを離れたくない。幼いころに祖母にあずけられ、夕方には涙をこらえて母が仕事から帰るのを待っていた私の姿と重なってしまう。

私は東海きょうだい会にときどき参加している。多くを語らなくても気持ちを共有できる唯一の場だ。隠していたら、進めないのも分かるけど、やっぱり職場では話せないでいる。理解者ばかりじゃないから。

姉の発病から一六年が経ち、日本の精神障害者の立場や待遇はゆっくり進歩していると信じたい。住み慣れた町に明るい支援センターと授産施設ができたことは、私たちにとってとても幸運なことだ。地元の精神病院と市と家族会が協力し建設してくれた。いつ姉が子どもに会えるのか、今後のことはだれにも分からないが、ささやかで平穏なときが続くよう祈らずにはいられない。

逃げみち

長坂優子

母の心中未遂

　私は思い上がっていた。自分だけ逃げのび、助かろうとしていた。実家からのＳＯＳは聞こえていたのに、きっと罰が当たったんだ。亡くなった父がよく口にしていた、「身から出たさび」なのかも。知っていたくせに、何もしなかったのだから。彼らを見殺しにしたのだから。

　化け物屋敷。

　心の奥底で私は実家をそう呼んでいた。

　四つ上の兄は知恵遅れで、中学を卒業すると同時に町工場で数年働き、分裂病を発病して通院をはじめた。

　母は私が二〇歳のとき、私の親友の父親と灯油をかぶり、火を点けて心中未遂をやらかした。父が兄を連れて別居してほどなく、私は学生らしく夏休みを利用して、車の免許を取りに地方へ合宿に出かけているときだった。

父からの電話で一人からっぽの家に呼び戻された。

その後の私の生活は、死に損なった母の看病に長時間費やされることになる。都内の大学病院に転送され、三〇パーセントの深い熱傷に皮膚移植が広範囲にほどこされ、ＩＣＵでの長い闘病生活。すでに気狂っている母は何をどう妄想したのか、「こんな目にあったのはおまえのせいだ」と私をなじりわがままな要求を続けた。

記録的な猛暑の続くなか、毎日大量の洗濯物を抱えて電車とタクシーで病院を往復すると、母の身体を想うよりも理不尽さで胸がいっぱいになった。

「友達といまごろは北海道をドライブしているはずだったのに」

いちばんの親友ともこの事件のせいで、疎遠にならざるをえなかった。

事件のあと、灯油の匂いや焼け焦げの残る実家を一人で片付け、住み続けた。近所の人に見られるのはつらかったが、ほかに帰る家はなかった。

夏が終わっても母の見舞いを続けながら大学には通ったが、とても孤独だった。バブルの最中で、夏休みに出かけた海外ホームステイがどんなにすばらしかったかというのが、話題の中心だった。

私だけがあまりにも違う世界に住んでいて、隠さずにすべてを話せる友達がいなかった。

母を精神科に連れていく

私が物心ついたときから母はいつも具合が悪く、安定剤を飲んでいた。よく家には救急車が来たし、入院もたびたびだった。若いころから自律神経失調症という病名にはなっていたが、猜疑心が強く妄想もあり心を患っているのは明らかだった。それでも精神科を受診するまでには、事件からさらに数年の歳月を要した。

その間に母はケロイドになった傷を背負って退院した。父と兄も実家に戻り、家族でまた一つの家で暮らし始めた。私は嫌でも聞かされる母の妄想や兄の奇声に耐えられず、スキー場の住み込みアルバイトに逃げてしまった。その間たった一人で、急性期の母の妄想の相手を昼夜のべつさせられた父が壊れてしまった。

バイト先に父から電話が来たのはそれがはじめてで、力ない声で「帰ってきてくれ」と、やっと言った。父は重い不眠症とうつ病になっていた。小さな声に張りがまったくなく、駅まで迎えに来た父の車に乗ると、時速二〇キロくらいで走行した。ただごとではないと実感した。

さんざん悩んだすえ、母をだまして病院に連れて行き、力ずくで入れようと決めた。まず会ったこともない兄の主治医に直接電話をすると、幸いにも協力的だった。主治医から母に電話で、「明日の診察日、兄の治療の件で病院に来てほしい」と言ってもらい、翌日家族四人で兄の通院を装って病院に出かけた。

診察室に入ってから、「あなたも入院治療の必要があります」と医師に告げられた母は、案の定、「そんなわけない、あたしはなんでもない」と激昂し、帰ろうとするのを男性看護師に両脇を固められ、引きずられるように病棟に連れて行かれた。

はじめて入る鍵の向こう側。ベッドがない和室の畳はしょうゆ色で、廊下を歩く患者は腕を振らず、死人のようにゆらゆらと歩いていた。この世の果てという感じがした。

やっと看護師に放された母に向き合ったとき、頬を殴られ足を蹴られた。わめき散らす母にどんな慰めの言葉をかけたか、もう覚えていない。

ベストを尽くしたのだという達成感と矛盾して、母が精神科に入院してしまったということに、とても傷ついていた。しかし、数ヶ月で母は驚くほどいい人になって帰ってきた。

結婚して家から逃げ出す

本当はこんなに性格がよかったんだ、と認識を改めさせられるほどだった。いくぶん躁気味とはいえその回復に満足した私は、もういいだろうと次なる脱出をたくらんだ。結婚である。

家族を忘れたい一心と、化け物屋敷の娘と結婚してくれる人とは二度と出会えないというコンプレックスが結婚に踏み切らせた。

それから七年。実家を離れた私に、母や兄の再入院という知らせが何度か来て、そのたびに入院の支度をしに実家へ走った。父もリタイアして高齢にさしかかり、腸を患い数回入院した。

母が入院中に父が倒れ、兄をあわててショートステイでたらい回しにしたり、ときには三人とも入院という事態まで起き、父だけでなく私にかかるプレッシャーも増していた。

薬が強いせいか失禁もして、手がかかるようになった兄は知的障害者の施設入所を申し込んでいたが、精神障害の合併が邪魔をするのか面接止まりで選考落ちが続いていた。兄の入院先では一年間が限度と期限を区切られ、それ以上は保険点数が下がる事と、これ以上好転しない症状を理由に退院させられた。

昼も寝てばかりで作業所に通うほど状態は良くなく、入院するほど不安定ではない。退院の延期を泣きつく父に医師は、「あなたのお子さんなんでしょ」と殺し文句を吐いた。

自分で面倒みるのが当然だといわんばかりだった。確かにその通り。誰のせいでもない、自分で生んだわが子と、自分が好きで結婚した嫁なのだと、昭和一桁の父は一人で背負う覚悟を決めてしまったようだ。

母は通院服薬はしているが妄想が消えなくなっていて、「お父さんの女が家に入ってきている」「物が盗まれた」と父を悩ませ、私の家にも電話が頻繁にかかってきた。

買い物や用事は午前中にすませて、昼からお酒を飲んで憂さ晴らし。午後は昼寝して夜はまた晩酌をするという父は、もうぎりぎりだった。酔った勢いで、理屈の通じない妄想の中にいる母に手をあげたこともあったらしい。

「お父さんに殴られたのよ」と、泣きながら電話をしてくる母を見かねて、父に意見をした。

「病気なんだから。お願いだから、お母さんをたたかないで」

分かったようなロをきいていた。何もしないで、ただ見ているだけのくせに。自分だけ逃げて、ぬくぬくと平和な暮らしをして。

「おまえはおまえの好きなように生きろ。お父さんはもう余禄だ。お父さんも残りの人生好きなように生きる」

「そんなこと言ったって、親子なんだから関係なく生きられるわけないじゃない。身体を壊せば、入院だってするし、一人で何でもできるわけじゃないんだから」

「おまえが子どもとして、親にすべきと思うことだけすればいい」

そのやりとりから数ヶ月、父母は私のところに寄りつかなくなっていた。いま思えば父は行き場のない兄と母をあずかる、知的障害と精神障害の両方に対応したグループホームを、孤立無援で運営していたのだった。

兄の暴力が父を………

あの朝は明け方まだ暗い時間に電話が鳴って、また母の妄想電話に違いないと無視して寝た。明るくなってからの二度目の電話はやはり母からで、「いま病院にいる。すぐ来てほしい」というものだった。

まさかとは思ったが事態は深刻だった。兄の暴力で父が意識不明の重体。集中治療室で

立入禁止

父に会い、瞬時に私は父の命を諦めてしまった。顔が腫れすぎて、真っ赤な目が閉じられない。気管挿管され人工呼吸器や点滴、心電図の機械がつながれていた。

兄は警察に連れて行かれ、私も母も順番に聴取を受けるはめになった。現場検証で実家に行くと、ニュースで見たことのある立入禁止の黄色いテープが家の外壁に巻き付いていた。床に残る血の跡、散乱する錠剤。

「なにか普段と違う点はありませんか」と警官に聞かれ、「分かりません」「知りません」としか言えなかった。

結婚以来何年も、よほどの事がないと近寄らない家だった。普段はどうなっているかなど知りもしない。親不孝をしたと気づいた。

一度も言葉をかわすことなく、一〇日後に父は逝ってしまった。私たちに苦労をかけないように死に急いだに違いない。やっと死ねたあとまで、解剖を強制され、身体中切り刻まれて、二日後にやっと家に帰ってきた。着せられた浴衣は血で汚れていたし、焼き場で拾った頭の骨は、ふちが直線だった。

まもなく母も再入院し、実家は誰もいなくなった。兄は警察からそのまま措置入院させられ、措置が解除後も医療保護入院を続け、もうすぐ三年。肺炎を起こして内科に一時転院した以外、一度も鍵の外には出ていない。

母はいったん退院し訪問看護の助けを借り少しの間一人暮らしを試みたが、物忘れや物盗られ妄想、こだわりが強く、自分で救急車とパトカーを何度も呼んでしまい、また病院へ逆戻りした。

そのうち主治医が母の痴呆を認めてくれたため、要介護1と認定してもらい痴呆対応のグループホームに入所できた。当初、精神障害への偏見が強く施設の職員が母を怖がったり、人の気持ちを無視した母の言動に対してクレームが相次ぎ、入居続行が危ぶまれた時期もあったがまもなく一年。本人もまわりもお互いにだいぶ慣れたようで、居場所が見つけられたことに安堵している。

週に一度母を食事に連れ出し、月に一度母を連れて兄を見舞うのが決まりになっている。重度の知的障害があり独語ばかりの兄は意思の疎通が難しいが、確かなのは「お父さんは生きている」と信じていることだ。

父の死にふれると強く否定するのである。自分がどんなことをしでかしたのかは忘れたのか、分からないのか、罪の意識はない。

「身から出たさびだと思えば、心しずまる。身から出たさびと思えど、腹がたつ。どっちもわたし」
父の鞄から「相田みつを」の書が出てきた。
父の形見だ。

長期入院の兄を想って

橋本妹子

兄の存在を抹消する

いつの日だったでしょう。

私は母に頼まれ、会社を休んで、兄と母と三人でデパート回りをしました。

「すみません。このデパートで背広を作っているはずですが……」

「調べてみましたが、当店ではお作りしていませんが！」

何ヶ所デパートを回ったでしょうか。いま思えば、このころから兄の病気は始まっていたのかもしれません。

まさか精神病とは夢にも思わず、小さいときから少しバカなところがあるくらいにしか思っていませんでした。

忘れもしません。ある五月の末、兄の様子が変で、警察にお願いして、やっとの思いで入院させました。このやり方が悪かったのでしょう。いまだに本人は納得していません。

ですから病識などあるはずがありません。

あれから十数年たちます。

私はよく人から、「何人きょうだいですか？」と聞かれるたびに、「三人姉妹です」と答えています。

私は兄の存在を無意識に抹消しています。姉たちもそうです。私たちは、二人の姉と、当事者の兄の四人きょうだいです。私は末っ子です。

ほかのきょうだいと疎遠になる

B姉にとっては弟にあたる兄に対して、私にこう言いました。

「C夫に言っておいて。

一、私のところに電話をかけてこないで！

二、私の家には絶対に来てはいけない」

私が「どうして」と聞いたら、「やっとの思いで入院させたのだから、外泊はもちろん、外出をさせても困る。近所や子どもたち、嫁、婿、その親たちの手前があるから」と言われました。

「じゃあ、私の家族はどうなの！」と心のなかで叫びました。そして私に、「あなたの姉だから、あなたの相談ならいくらでも相談にのります。でも、夫や子どもたちのいないときにしてね！　あなたも私の家に来ないでね。あなたが出入りすると、そこから知れ渡るから、いいわね」というのでした。

この姉は長年地元で民生委員をしています。そんな姉でも自分のことになると違いました。

私は悔しさよりも、悲しくなりました。それからB姉とは疎遠になりました。A姉も「Bと同じように接したい」と言ってきました。私はA姉もかと思い、必死で説得し、協力できるところは協力してもらいたいと言うことにしました。

いまではその姉も三年前に医療事故で帰らぬ人となりました。また寝たきりの母も昨年わが家で看取りました。いままでは兄と母と二人の面倒を看てきましたが、これからは兄一人となりました。この兄と私は二つ違いです。

退院させてあげたいけれど………

同じ両親から生まれ、どうして兄だけが、こんな病にかかってしまったのでしょうか？

兄は来年六〇歳です。

私はふと「兄の一生とは、なんのかしら」と思いました。あのときから現在までカゴの鳥のように、長い入院生活を送ってきた兄。かわいそうの一言では片付けられない複雑な気持ちになります。

最近では数ヶ月に一度、母に線香でもと、わが家に泊まりに来させています。そんなとき、「オレ本当は退院したいんだよ」と、兄の心の叫びが聞こえてくるようなときがあります。しかし私や私の家族に迷惑をかけてはいけないと思うのでしょうか、口に出して言ってはきません。

私だって、退院させてやりたい、退院させられるものなら、と思わないことはありません。

じつは私は難病をもっています。特定疾患を受けています。いまは小康状態が続いていますが、ひとたび悪くなると、移植をしないと助かりません。そんな私に退院させた兄の面倒がみられるでしょうか?

私が死んだあと、娘や夫に、「兄の面倒をよろしくお願いします」とは頼めません。なかにし礼の『兄弟』という題名の本には「兄貴、死んでくれて、本当にありがとう」という言葉が最後に出てきます。もし兄が私より先に死んでくれたら、なかにし礼のように、バンザイとは言わなくても、安堵するかもしれません。

亡くなった母はよく、「兄が早く死んでくれたら、私はすぐ後を追って死ぬ」と言っていました。

そんなことを考えていると、せつなくなります。どこか病院以外に兄が安心して暮らせるところはないのでしょうか。年をとるにしたがって不安がつのります。一度は病院というところを出て、自由な生活をしてもらいたい、させてやりたい。


兄の人生ってなんなの！　あなたの人生は！

涙があふれてとまりません。

甲斐性のない妹です。

ごめんね、兄さん。


私はそんな思いで日々戦っています。

この精神障害という病は、世間の人たちが差別しないで、普通の病気と同じだと理解して、心からそう思うと言われても、私は信じることができません。ほかの障害に対する気持ちの動きとはまったく違うと思うからです。

人間という動物は複雑で、その上長い歴史のなかでの出来事があります。仕方がないのです。仕方がないのですが、私の兄のような長期入院をさせられている障害者たちに、心から安らげる人生が送れる環境を一日も早くできることを願います。

好きで精神障害者になったわけではないのですから……。

置いてきてしまった夢

円平健

静けさのなかの緊張

気がついたときには、ただひたすら祈り続ける自分がいた。仏壇の前にしゃがみこんで、どれくらいの時間、両手を合わせていたのだろう。唇にしみこんだ、しょっぱい味だけを覚えている。そのとき、僕にできることは、もうそれしか残されていなかった。

家族、夢、恋。たいせつにしていたものすべてを奪われた。

そう思っていた。

今度はどんな状態になって帰ってくるのか、どんな修羅場が訪れるのか、不安だった。重苦しい緊張感のなかで、時の流れがやたらに長く感じられた。

待つこと数時間。ついに玄関のカギを開ける音がした。扉が開き……。顔を合わせると、一言憎まれ口をたたき、自分の部屋に入っていった。「さぁ、始まった」と思い、身構えた。

ところが、その後、思いのほか、攻撃的態度はとってこない。その静けさが、かえって怖い気もしていたが、その状態はしばらく続き、いつになっても、「そのとき」はやってこなかった。

不思議なほど安定して、薬も飲み始めていた。その後も多少のいらつきはあったものの、日を重ねるにつれ、次第に落ち着いていったのだった。

発病から数えると、一〇年が経った初夏のことだった。いま振り返ると、身も心もギリギリまで追い詰められたが、辛うじて救われた。このときの経験こそが、僕の人生の方向性を大きく変えたと思えるものだった。

再発させないための人生

それまでの僕自身の人生といえば、いちおう人並みの夢をもって歩んでいた。そして、きょうだいの発病から一〇年の間、何度か大きな再発があり、そのたびに、その歩みを止めざるを得なかった。そこには修羅場があり、「限界」と思える場面もあった。それでも、病状が安定してくるころには、自分自身能力はなかったが、「この夢だけはあきらめない」という思いだけは強くもっていたので、またその歩みを始めていた。

また病気に対する知識も十分ではなく、病状の安定期には、「このままなんとかよい方向に向かうのでは」と、油断する気持ちがあったのも事実だった。

しかし、このときだけは違っていた。

「本当にたいへんな障害なんだ。あの地獄だけはもう味わいたくない」

つくづくそう思った。

再発させないことを、ほかの何よりも優先させなければならない。安定期にも、もう油断はできない。再発させないための人生。生活の細部にわたって神経を使う日々が始まった。

祈りを欠かす日は、もうなくなった。それまでの人生が攻めの人生だとしたら、守りの人生に入ったようにも思えた。すべてが言い訳になるかもしれないが、いつの間にか夢を手放して、別の道を歩き始めた自分がいた。

人生に無駄なことなどない

兄弟姉妹の会や家族会にたどりついたのも、この時期だった。このころから現在にいたるまでの六年。窮屈な生活は強いられたが、おかげさまで大きな再発はないでいる。これは本当にありがたいことで、感謝する毎日である。

会で出会えた人々、そこで得られた知識など、そういうことが心の支えになって、なんとか、がんばっていられるのだと思う。

ただ、そんな毎日を送るなか、「本当にこれでいいのか」という思いが、いつも心のなかで揺らめいている。たった一度きりの自分自身の人生を生きたい。置いてきた夢が気がかりでしょうがない。あの夢を取りに戻らなければと思いながら、あっという間に過ぎ去った六年だった。

しかし、どうしても「また再発する」という思いが、取りに戻ることを許さなかった。

あのとき、夢を置いてきてしまった場所から、ずいぶん長く歩いてきてしまった。もうはるか遠くに離れてしまった気がする。いまさら取りに帰っても、見つかるかどうか分からないし、もうそのときの年齢に戻ることはできない。もし、あのとき、自分自身が燃え尽きていたのなら、すがすがしく、あきらめもついたが、不完全燃焼の心はつぶやく。

「こんな障害に巻き込まれていなかったのなら、どんな人生を送ることができたのだろう」「理不尽な生活から湧き出る怒りを、どこにぶつければいいのだろう」

そんなことを毎日のように考えてしまう弱い自分がいる一方で、いつももう一人の自分が出てきて、言い聞かせてくる。

　そもそも、少しでも世の中のためや、困っている人のためになりたいと思って志した夢だった。そうであるなら、この障害をもった人やその家族は、かなり困っている人だろう。もっとも身近にいる人、たった一人を救えないで、他人を救おうなんて、おこがましい。人生には無駄なことなどない。

　悩んだ分だけ身に付いたもの、苦しんだからこそ見えてきたもの、この問題にかかわったからこその出会い。それらのことから、家族の健康、平穏無事、円満に暮らせるよう、一生懸命努力することを学んだ。

　これほどすばらしいことは、ほかにはないのではないか。夢を志した原点に立ち戻れば、これこそが本来目指していたものにほかならないのではないか。何も後ろめたいことはない。迷うこともない。堂々と胸を張って生きてゆけばよい。

　そんなもう一人の自分の声を聞いたある夜のことだった。いつものように、表に出て行って、夜空を見上げながら、一日一本だけ吸うタバコをふかしていた。大きく息を吐きながら視線を落とすと、飼い主から少しだけ距離をおき、その後ろを黙ってトコトコついていく小さな犬を見かけた。それを見て、ふと思った。

もしかすると、あのとき、別の道を歩み始めたと思ったその道は、本来歩もうとしていた道だったのかもしれない。あのときあの場所で手放して置き去りにした夢、すっかり遠くに引き離されたとばかり思っていた僕の夢は、気づかなかったけれど、僕の歩く後ろを黙ってトコトコついてきてくれていたのかもしれない。

なぜ、ふたりとも精神障害なの？

相羽富江

八ヶ月間雨戸を閉めてひきこもる

私の家は、きょうだい二人が精神障害者です。なぜ家だけがという思いが、私の心のなかにあります。

私が病気になったのは一九歳のとき、弟が病気になったのが一八歳のとき。二人とも高校を卒業して、社会に出てから病気になってしまいました。

私は、会社でイヤなことがあり、それを全部母親のせいにして、会社を休み、やめることになりました。でも、本当は、やめたくなかった。おとなしかった私は、何も言うことができず、社会のきびしさ、今までと違った社会という世界に入っていくことができませんでした。

会社をやめ、仕事を探しましたけれど、やめたくなかった気持ちが強く、家にひきこもってしまいました。母が、会社に電話を入れたのが気に入らず、「私は、あんたのせいで会社をやめた」と言い続けました。

それから、八ヶ月ひきこもり、病気になりました。ひきこもっている時は、寝たきりで、雨戸を閉め、食事も自分の部屋でしていました。妄想の世界に入っていきました。もし、あのとき、ああしていればよかった、こうしていればよかった、と思います。部屋のなかで、一日中ひきこもっている間の八ヶ月、同じことを考えていました。

精神科に入院して三ヶ月で退院
くやしかった。
情けなかった。
なぜ、私だけが、こんな思いをしなければいけないのか？　それは、母のせいだ。ほかの会社に行っていれば、こんなことにはならなかった。もう一度働ける。

八ヶ月たったとき、私は寝たきりで、そして食事も食べられなくなり、病院に行きました。

内科でみてもらったら、精神科を紹介されたそうです。その時のことは、何も覚えていません。もう植物人間のような状態になってしまいました。そして、入院となりました。主治医から、「あと、二、三日おそかったら、死んでいました」と言われたそうです。「病気より、命を先に助けます」とも言われたそうです。

いろいろな治療をしても、なかなかよくならず、母が付き添っていたそうです。そのときのことは、何も覚えていません。父は毎日病院に来たそうです。高校生だった弟も、春休みの間、遠いのに自転車で病院に来てくれたそうです。

命は助かりました。でも、調子が悪くなると、言ってはいけないことを、つい言ってしまいます。

「なぜ、私を楽に死なせてくれなかったの」

親不孝者です。

私の病名は統合失調症です。気づいた時は、何が何だか分からない状態で、自分は何か悪いことをしたのか？　なぜ、ここにいるのか？　ここはどういうところなのか？　何も分かりませんでした。でも私は、ここにいる人たちとは違うと思っていました。

病気のことも何も知りません。何か普通とは違うということだけは分かりました。だんだんよくなっていき、三ヶ月で退院することができました。

「あなたは、若くて、先生の腕がよかったから助かったのよ」と、みんなに言われました。病院は変わりましたけれど、いまでも、その時の先生にみてもらっています。

弟までもが病気になってしまう

退院して二年して、私は働ける状態にまでなりました。どうしても正社員で働きたい、みんなと一緒がいい、と思って、働いてみましたけれど、なかなかうまくいかず、くやしい思いをしました。

そして、弟が高校を卒業した年に、弟までもが、病気になってしまいました。病名は私と同じ統合失調症です。弟はすぐ、「治ります」と言われたのに、今では働いているけれど、私よりひどい状態です。私は陰性症状、弟は陽性症状です。調子が悪くなると、幻聴があるのです。

私も、初めのひどいときは、幻聴があったみたいですが、今は、まったくありません。

弟は、診断書を書いてもらって、休みながらも、高校を卒業した時に入った会社でがんばっています。幻聴がありながらも、薬を飲みながら働いています。

私は作業所に週二、三回通っています。働ける弟がうらやましいのです。きょうだい二人が精神科に通っています。つらいことです。

弟は入院経験がありません。私は、三回くらい入退院を経験しています。弟とは、仲のいいほうだと思います。やさしいのです。会社でイヤなことがあっても、一〇年続きました。今度はクビだと言われながら、私よりもつらい思いをしながら、がんばっています。

お金ばかり使って、少しは将来のことを考えて、貯金をしなさい、と言っても、ききません。遊ぶことでストレスを発散させているみたいです。

うらやましいです。

二人で協力して生きていく

二人とも、精神障害者です。きょうだいで、こんな思いをしています。まわりからは、どんなふうに見られているのだろうか？　将来のことが不安です。親がいなくなったら、どうなってしまうのだろうか？

不安を言い出したら、きりがありません。

くやしい、
情けない、
つらい、
悲しい。

こんな言葉しか出てきません。
私は、作業所にがんばって通って、社会復帰できることを願っています。弟もがんばっているのだから、一生二人で協力してがんばって生きていこうと、話をすることもあります。
親に長生きしてもらいたい。それも、二人の願いです。二人とも結婚は、あきらめました。あきらめるのは、まだ早いかもしれないけれど、親も二人とも病気をもっているし、どうにか生活していけるように、私は、お金をためています。年金もほとんど貯金しています。

きょうだい二人が、病気でつらいけれど、生きていれば、きっといいことがあると信じて、二人で仲良く、家族四人で生きていきたいです。

私は、自分がいちばん不幸だと思ってきましたが、私よりつらい思いをしながら生きている人がいるということを知りました。病気になって、いろいろな経験をしました。今は、生きていこうという、前向きな気持ちでいっぱいです。

きょうだいで、精神障害の人って、どのくらいいるのだろうか？ ぜひ知りたいです。がんばって生きていきたいと思います。つらいことがあっても、家族がいるということを忘れてはいけないと、気づきました。

みんな、がんばっているから、私もがんばる。

精神障害による差別、偏見がなくなる、未来に期待したいと思っています。

時にはやさしく、時には対決するしかないだろう

大久保文夫

ぼくは当事者です。本人なのです。

じつは兄もぼくと同じ病気をしているのですが、本人なのに家族という、役割をしている複雑な立場の人間です。

ぼくは、あまりにも一方的な相談ごとを兄にされて、いろいろふりまわされて、いつしかストレスがたまり、爆発してしまいました。

おそらく今までも噴火をしていると思いますが、とうとう日本一の富士山になり、噴火したのだと思います。

これ以上ストレスがたまると、自分自身がおかしくなると思い、ケースワーカー等に相談したら、しかたがないじゃないですかねと言われ、ほっとしているところです。

なぜ噴火したかと思うと、いまから七年から八年くらい前に、兄がおかしくなり、ぼくの家に逃げ込んできました。

死ねとかなんとか、わけの分からないことを言っていました。

ぼくは、頭が混乱して、困りはててしまいました。

ぼくは十日間くらい、兄のわけの分からない雑談にふりまわされて、へとへとでした。

ぼくが、おちついた所に入院をすすめたら、兄はおこってしまい、東京のほうに行きました。

兄が東京のほうに行っても、ぼく自身の心は休むどころではありませんでした。

また、時間がたつと、自分の所に来ると思っていたので、福祉事務所に相談に行くことをきめました。

やはり、ぼくが思ったとおりに、兄は住所不定の風来坊になっていました。

また頭を悩ませることが増えたと思い、兄のほうからの電話を待ちました。


こんな気持ちを思うのは、どんなもんでしょうかね‼

私自身の気持ちです。


まもなく兄はやはり、ぼくの所に逃げ込んできました。

ぼくが入院をすすめて、兄も入院すると言ったので、もう一人の兄弟の所（姉）に電話をして、兄、姉、ぼくと病院に行きました。

ぼくは、ほっとして、ようやく荷物が肩からおりたと思いました。

だが、そうではなかったのです。

次なる段階がはじまるとは、このときのぼくは気がつかなかったのです。

荷物がおりて、一段落をしていたら、兄から電話がきて、面会にきてくれよー、面会にきてくれよー　と連発がはじまりました。

このときには、心に荷物が重なる心荷物となっていたのです。

そして、七年から八年たって、荷物から心荷物、そして重荷のお荷物となり、最後は噴火前の貨物となるのです。

どんなもんでしょうかねー。

やはり家族も障害者です。

ぼくは、噴火をして、兄には、兄の人生を行きなさいとつきはなし、さーと病院をかえて、ぼく自身も自分の人生を行こうかと思っています。

どんなもんでしょうかね！

そして思うのです（こんなことを）

人生とは生きること
人生とはまなぶこと
人生とはたえること
そして人生とはたのしみをもつこと

そして最後に思うことがあります。
ぼくは、水戸黄門の歌が、しぜんと口から
わいてくる自分がいると思うのです。
こんな気持ちはぼくだけでしょうかねえ!!

みなさん人生とは

生きることです。

そんなことを思いながら歩いています。

みなさん
ごきげんよう！

第二章　きょうだいからの贈り物

あの日の妹

高橋桃子

世間体を気にする父

六歳年下の妹は、私の就職と同時に、高校に入学。しかし、その年の初夏のある日突然、学校へ行かなくなり、部屋（ベッド）にこもりっきりの日々が続いた。「ひきこもり」という言葉はかなり後になってから知った。

登校していれば三年生の夏が過ぎたころ、世間体を気にする父は妹に、「学校に戻るか、なにかしろ！」と言った。

母が青少年センターに相談に行き、静岡に「キリスト教系こどもの家」というのがあることを聞いてきた。後日、妹を連れ、母と見学に行った。ほんとうに田舎だった。家畜の世話などが日課だったように思う。妹は気が進まない様子だったが、父の命令で静岡へ行った。

それも長く続かなかった。生活や仲間に慣れず、「こどもの家」を飛び出して家に戻り、

「何かをしなければ」という思いにかられ、バイトを二、三転々とした。家庭内の不穏な雰囲気に耐えられず、私は二二歳のときに「一人暮らし」を口実に家を出た。

妹が二〇歳になったとき、母が、「これからの人は、車の免許が必要」と言って、妹を教習所に通わせるために、自分もいっしょに通った。まさしく五〇の手習いである！

家のなかでは父の怒鳴り声が絶えない。小さいことにいちいち文句をつける始末である。そんな生活に疲れたのか、約二年後、母と妹も家を出た。安いだけのオンボロ借家だったが、二人の心は少しだけ平穏に近づけたのではと思った。そのころ、妹は、老人病院で助手のアルバイトをしていた。もともと、人のお世話が好きなようである。

妹の結婚と離婚

しかし半年が過ぎたころ、彼女が家出をした。

どのくらい経ったのか、家のポストに、妹が置いていったとみられる手紙。なかには、「心配しないで」とあった。

「呑気なもんだ。人の気も知らないで」と私は思った。

それから、しばらくして、妹が見つかった。捜索願を出していたことが功を奏したのか、都心の警察署で保護された。

母が迎えに行き、家に戻った。

でも、また家出を。

そして秋になり、冷たい雨の夜、縁側から「お母さん、お母さん」と声がした。母は一瞬、空耳だろうと。でも、もしかして、と思いつつ窓を開けると、両手に黒い大きなカバンを提げた妹が、ボロボロ泣きながら立っていた。

このとき、妹が持っていた黒いカバンは、後日、母の強い希望で処分された。

その後は、静かな生活となった。

そんな折り、私が住んでいたアパートで空き巣未遂事件が起き、怖くなった私は、母たちのいる借家に身を寄せた。

それから、知り合いに誘われたスキーを機に、彼女は良縁に恵まれ結婚。

私たちは、妹の結婚後、母と二人で暮らしていたアパートから、絶対無理！　と思っていた古い家を購入。これは職場の安定性のお陰！　長いローン生活が始まった。

しかし、妹は三年後に離婚。

お互いの合意の上ということで、離婚の理由は明かされなかったが、おそらく、彼女がまったく主婦業をこなせなかったことが一因と、母と私は思っている。

周りのすべてがこわい

その後、妹は一人暮らしをするようになった。初めは一人暮らしを楽しんでいるのか、家に寄り付かなかったが、半年したころから、頻繁に家に来るようになった。心なしか、顔つきが険しくなって、しかも言動に不可解なことがあり、気になりだした。

そんなある日、家に来ていた妹が、「いっしょに住んでもいい?」と、聞いてきた。

正直意外だった。それでも、私は、深く考えることなくOKした。妹の一人暮らしを心配していた母は私に、「ありがとう」と言った。

数日後、母が優しく話しかけると、妹は突然、泣き出して言った。「周りのすべてがこわい」と。

それから、数日、妹から連絡がなかったので、心配になり、母と妹のアパートへ様子を見に行った。なかに入ると、一瞬身が凍るような光景が目に飛び込んできた。昼間なのに部屋のなかは真っ暗。カーテンが締め切られ、あらゆる家電に覆いがされていて、そんな部屋の真ん中に妹はポツンと小さくたたずんでいた。

「盗聴されている」と言う。

私たちは、そんな状況にたまらず、即、妹を連れ帰り、それからバタバタと数日の間にアパートを引き上げた。

母は、「一人暮らしで寂しくて、情緒不安定になっただけ。いっしょに暮らせば直る」と思ったらしい。私は、よく妹を理解できていなかった。

その後、予想もできない不安と緊張に、包まれる日々となることを知るすべもなく。これが、あの「ひきこもり」からちょうど一〇年目だった。

アパートを引き上げて、しばらくすると、強い幻覚と妄想が彼女を襲った。テレビやラジオから「自分を殺しに来る」という声がすると言いながら、ボロボロ涙を流したり、そうかと思えば、突然、奮起したように出かけて行ったりした。行き先は、都内の水族館、箱根の美術館などだった。

そんなある夜、突然彼女が、興奮して大声をあげた。その瞬間、私は、言い知れない不安を覚えた。

自分の職場に具合の悪い妹を連れて行く

翌日、母とともに妹を病院に連れて行った。

病院とは、当時（いまも）私が勤めている職場である。ちょうどお盆で、医療機関がほとんど休診だったためで、自分の職場に、具合の悪い妹を連れて行くことに、抵抗がなかったと言えば嘘になるが、ほかに方法が思い当たらなかった。

私の職場は、「重度心身障害者（児）施設」と「病院」が機能的に併設されたもので、当時、勤務していた「心療内科医」の診察を受けた。

いまでも印象に残っている医師の言葉がある。

「最初の見極めがたいせつなんです」

初秋の夜、妹が、突発的に家のなかで、ノートを燃やした。この光景を目の当たりにし、私は、涙があふれた、怖かった、そして、とても悲しかった。

この約二年後、母が将来を不安に思い、父に相談し、父と母は復縁。四人の生活が始まった。でも、当初、父は、まったく妹の病気を理解できず、分かろうともしない。あくまで、自分のそれまでの生活のペースを守り通した。

妹は、服薬による、さまざまな副作用が出た。激しい瞬き、手が震える、体のバランスが取れずに、Gパンをはくときなどは、たいてい後ろにバタンと倒れるなど。

この一年後、医師が移動となり、私は、保健所に相談して、妹は市内のクリニックへ転院した。

妹は、発症から約五年は、一日中、布団のなかにいた。どこへも一人では出られなかった。母や私と、買い物に出かけても、怖いくらいに周りをにらみつけて警戒し、私には、彼女にとって外出は、負担と思えた。

また、副作用からか体重が増えて、ピーク時には六〇キロ。Gパンもいつしか、メンズしかはけず、おしゃれとは、無縁になっていった。

活発になり過ぎた妹

こうして五年が過ぎたころ、長期間服用していた薬「リスパダール」が「ルーラン」に変わった。妹は、せっせとダイエットを始め、これが、みるみるやせ細って、最高（最低？）三九キロ。骨という骨がはっきり浮き出て、見るからに、「スマート」というよりは、どう見ても「やつれ」そのもの。（最近は四五キロ前後）

そして、このころ（たぶん秋ごろ）急に、症状も一八〇度変わった。

本人にとっては、やせて、着られる服が増え、もともとおしゃれが好きだったので、開眼したように、一人で出かけ、洋服や化粧品のお店に行き、三日と開けず家にいない日がしばらく続いた。（いまでは、その「おしゃれ」にしか興味がない状態。）

私には、不可解だった。コピーしたように同じようなコートをサイズ違いで買うなど。

私は、彼女が一日中布団に潜っていたころも、先のことが不安だった。

しかし、一人で出歩くようになった妹のそのギャップにも、ついていけない。けれど、また、いつ症状が変わるか分からない。それなら、問題が起きなければ、本人の意思で動けるときは、動いたほうがいいと、心のどこかで思っていた。（でも、ちょっと過ぎるかな⁉ と思っていたのも事実。）

同時に、バイトも始めた。でも一ヶ月も続かなかったが、めげずに、次々と四回くらいバイト先を変えた。ホームヘルパーの養成講座もクリアして資格を取った。

しかし、行動的になったのと同時に、おっとり優しい話し方だったのが、怖いくらい歯に衣着せぬキツイ物言いになり、私たちが苛立つことも少なくなかった。

つぶれそうな私を支えてくれるもの

妹が、発症してから、七年。

この間には、私自身が精神的に不安定になることがあった。

妹の症状の「波」とは違う「波」が私のなかにあり、最初は、発症して一年近く経ったころ。わけの分からない妹の病気に、振り回されて、不調となる。

母が、私のそれに気づいたのは、たぶん、ここ一年くらいだ。

平日も含め、たまに、起きられない朝がある。いつもは、ガバッと体を起こすのに、どうにも体が重く、気合が全然入らない。

この「たま」にが、最近、「ときどき」になり、私自身、「なんかよくないなあ！」という思いにかられ、これはもしかすると「こころのカゼ?」

そして、いま、母の勧めもあり、妹と同じクリニックに通っている。

ふと、自分自身を見つめなおしたとき、肩の荷が重くて、ほんとうは無理なのに、無理じゃないと、必死にがんばっている自分。

いっそのこと、正直に素直に「私の力では、無理」と言って、荷を下ろし、助けを求めればいい。それなのに自分が！　と、がんばり過ぎる自分がそこにいる。自分はいままで無理をしていたと、はっきり自覚し、一人でいくらがんばっても、いつかはつぶれてしまう。

四年くらい前、初めて兄弟姉妹の会の存在を知った。同じ立場の方と交流ができるようになり、いままで周りのだれにも妹のことを言えないつらさがやわらいだ。会に参加したことで、自由に妹の話ができ、とてもホッとする気持ちになることができた。たくさんの方との出会いのなかで、助けてもらった。

妹が発病してから長い間、「病気の妹」と思っていたのが、ここ最近は、「妹の病気」へと変わってきた。

妹の病気にまったく理解を示さなかった父が、それを生活のなかで、少しずつ感じ取るようになったこと。と同時に、両親が、私に「いまの生活が重荷だったら、部屋を借りることも考えるように」と言うようになったこと。

ときどき、ふと、思うこと。それは、妹が病気でなかったら、一五歳。高校を出てからどんな時間を過ごしていたのか？　また、これからの時間も、どのように過ごしていくのか？　ということである。

表題の「あの日」とは……。

ひきこもりの末、妹が静岡へ行った日。

家出をした妹が、警察に保護された日。

一月のとても寒い日、母と妹のアパートに行き、決して忘れることのできない光景を目にした日。

夜、突然大声を出した日。

妹が家のなかで、ノートを燃やした日。

過剰なダイエットにより、骨と皮になった妹を見た日。

「あの日」は、これからもある。そして、その一日一日が彼女の病歴となる。

これからは、がんばり過ぎない、焦らない、無理をしないことを心にとめておこうと思う。

現実をありのままに

鈴木陽子

精神病院に勤める私と姉の発病

　これも運命だったのでしょうか。まさか、私が精神障害者のきょうだいになるなんて。私が精神病院に就職したのは、一八年前の二〇歳のとき。叔母が、以前、その病院の事務をしており、私が小学校のころ、病院での盆踊りに行ったことがきっかけです。

　小学生の私に、大人の女性の方から、「お姉ちゃん、お姉ちゃん」と呼ばれたのが、不思議でたまらなかったのを、いまでも覚えています。

　この私が、病院に勤めて、ＰＳＷ（精神科ソーシャルワーカー）の仕事をするようになりました。入院の際には、予診をとったり、診察時にも家族との間に入ったりしていました。また、ご本人の治療はもとより、家族の協力が必要な場合には、家族を指導したり、治療の協力をお願いしたりしていました。

　本当に思いもよりませんでした。姉が発病するなんて……。

姉は、幼いころからきれいで、はなやかで、中心的な存在でした。一つ下の私は、太っていて、陰気くさく、偏屈で、陽と陰のような関係でした。その関係が、いまでは、姉が発病、私はPSW。私はやせて、姉は運動不足と病状により、肥満になっています。本当に人生は分からないものです。

全国きょうだい交流会への参加

私が兄弟姉妹の会を知ったのは、第二回全国きょうだい交流会に出席したのがきっかけです。第一回目を申し込んだところ、定員オーバーで入れませんでした。第二回目は、記事を見るなり、早速申し込みました。

参加して本当によかったと思います。見ず知らずの初対面の方に、こんなにも自分の悩みを言えるなんて……と、驚きました。

いろいろな方の体験談も聞けました。勉強会もよかったのですが、もっとよかったのは、その後の長い夜。お酒も入って、自己紹介もして、いろいろな方といろいろなお話ができました。ただ、自分がPSWの仕事をしているということだけは、ずっと黙っていました。ここで初めて告白しています。

福祉ホームに入所している姉

いままで姉とのかかわりで、本当にいろいろなことがありました。ウソをついて病院に連れて行き、医療保護入院の手続きをしたことも二回あります。あのときは、姉にうらまれました。あとで話を聞けば、病棟に行く途中、逃げ出して保護室に入ったことも……。「保護室に入れられたんよ。壁には便もついていて、あんたには分からんじゃろ」と言われました。

本当に調子の悪いときには、かわいそうになるくらいの症状でした。幻聴・幻覚もあり、内容はちょっとここには書けません。けれど、そういうときもあるかと思えば、しっかりしているところもあり、また、浪費家で、これは病気なの？ 性格なの？ と専門の仕事をしている私も、腹立たしくなることは何度もありました。

ときには姉が、「仕事場に私の病気のことを話すよ」と、私をおどしてきたこともありました。私が嫌がるだろうと思ったのだと思いますが、「私は事務所のみんなには、お姉さんの病気のことは話しているから、別に電話してもいいよ」と言い放ちました。

私の主人も理解があり、すべて話はしています。結婚の妨げにならなかったかというと、

私が結婚して姉が発病したので、妨げにはなりませんでした。お姑さんと同居し、子どもも三人いるので、姉のことで急に家を出ていかなければならないことも何回かあり、お姑さんには、気兼ねをしています。主人は何も言わずにいてくれるので、支えになります。
いまは父母がおり、母が面倒をみてくれ、姉は福祉ホームB型に入所しています。母が入所手続きから、障害年金の手続き、生活保護の手続きをすべてしてくれました。いまは母が元気なので、私はあまりかかわりをもっていないのが現実です。

専門職の私なのに………

それにしても、これが運命なのでしょうね。家族に治療に協力してくださいと言っていた私が、精神障害者の家族となり、姉とあまりかかわっていない現実。病気に対して偏見をもたないでくださいと言っている私が、いちばん偏見をもっているのかもしれません。
姉の病気の重いときには、一生病院から出さないでほしいと、先生に頼み込んだこともあります。社会復帰をすすめる立場である私が………。私も姉が病気であるということは、友達、職場、家族の方、ほかの病院のPSWなど、一部の人にしか話していません。堂々と、「姉は病気です」と言いたいと思う反面、姉のプライバシーもある。

私だけではない、私の子どもや主人側の親戚の対面もあると、隠していたい面もあります。専門の仕事をしている私なのに………。私の汚い面、弱い面を、ここにあえて、さらけだします。

どうぞ、匿名にしてください。けれど、ここに書いてあることは真実です。この文章を書こうかどうか迷いました。いま、私は入院中で、明日手術をします（たいした手術ではないが………）。いま、ゆっくり自分を見つめる時間がとれています。

母が亡くなったあとの姉のことを考えると暗くなります。いっそ、姉がいなければと思ったことも何度もあります。

現実をありのままに受け入れるしかありません。それにしても、アー、なんで姉が病気になったのだろうと思います。

最後になりましたが、兄弟姉妹の会のお世話をしてくださった方々には、本当に頭の下がる思いでいっぱいです。全国交流会のときには、同じ立場の兄弟なのに、お世話をしてくださったり、司会をしてくださったり、みんなが話しやすい雰囲気にしてくださったり、いろいろ相談にのっていただいたりと、感謝の気持ちでいっぱいです。

毎月の会報を読みながら、私自身も癒されています。私でも何かお役に立てればと思い、雑記ですがペンをとりました。専門職といわれる私も、こんなふうに汚い面、弱い面と向き合いながら、苦悩の毎日を過ごしています。みなさんに笑われるかもしれませんね。

これから、長い人生、現実をありのままに受け入れていくしかないのです。

話にまとまりがなく、ごめんなさい。最後まで読んでくださった方々、ありがとうございます。

追伸

私はご家族や私の両親にいつも言っていることがあります。

「自分の楽しみを持とうね。楽しむことに負い目を感じなくていいんよ。わりきって、自分の楽しみを持とうね」って……。

私自身も、わりきって自分の楽しみを見つけて、楽しんでいます。

母さん、兄ちゃん安心して

阿部浩二

わが子を殺して自分も死にたい

私たち家族は、北海道の小さな炭鉱の町で生活していたが、炭鉱はもう流行る時代ではないということと、私が三歳より小児喘息であったので、転地療養を兼ねて静岡へと移り住んできた。

北海道から内地に移住したものの、両親とも高齢であり、どちらも会社に勤めたが、正社員になることはなく、臨時職員の身で土・日も休まずアルバイトをし、兄と私は大学に進学させてもらった。

二歳上の兄は高校で生徒会長を務め、推薦入学で大学へと進学し、一足先に就職することができ、これでやっと両親も少しは楽になると喜んでいた。

しかし、兄は就職してから間もなく様子が変わりはじめ、独り言を話すようになり、まわりの人が自分のことを悪く言っているようで、人の目がとても気になると言い始めるようになったと知らせがきた。

兄は、生まれ故郷の北海道にどうしてもすぐ行きたいと毎日強く望んでいるということで、母はその願いをかなえれば少しはよくなるのではないかと、二人で北海道へと発って行った。

戻ってきた兄はあまり変化もなく、幻覚や幻聴が現われるようになり、状況は悪化するばかりであった。

そのとき私は、自分自身が喘息であったので、将来は自分と同じように病気や障害をもっている子どもたちの役に立ちたいと、福祉大学で児童福祉を学んでおり、叔母の家に下宿していたときであった。

親族会議のようなことがあり、そのときすぐに大学生活をやめて就職をして家族を助けるように進言されたが、せっかくここまで来たのだから、なんとか卒業してから就職させてくださいと懇願した。かろうじてその願いはかなえられたものの、自分の境遇と運命とに毎日涙が止まらなかった。そして帰省した際に、「わが子を殺して自分も死にたい」という文字を帳面に見て、言葉がなかった。

母親の育て方が悪いというようなことを言われ、母の気持ちをいっそう逆撫でして、毎日泣きくれていたようであった。

兄は、ついに入院することになり、当時ついた診断名は「精神分裂病」であった。

それから両親と私は世間体を気にしながら、いやまさに怯えながら生活してきた。自分が現在も気が小さく臆病な面があるのは、こういう気持ちが根底にあるのかもしれない。

禁治産者の申し立てをして入院

その後、障害者の施設に就職することになったが、兄のことが職場に知れたらどうしようとびくびくしながら生活し、いまから思えば針のむしろに坐っているような気持ちであった。

福祉施設職員として勤務しているなら隠すことなんかないとも思ったこともあったが、やはり自分としては「精神分裂病」という恐ろしいような言葉、怖いような言葉を、とても口にすることはできなかった。

兄が最初に精神病院に入院したとき、入院方法の一つである「措置入院」という形で入院をした。本人の同意を得なくても入院できる形態である。両親はその手続きをする上で、教えてもらったとおりに家庭裁判所に行き、兄が禁治産者になるように申し立て、禁治産者宣言を受けて禁治産者と認めてもらい入院をした。その当時は、禁治産者というものは人間としての能力をいっさい認めない「無能力者」として、戸籍にそのことが記載されているのであった。

私は、福祉職に勤務していながら禁治産者制度のことも知らずにいたので、戸籍を見て初めて事の重大さを知った。また、精神障害者も障害年金を受給できるかどうかも分からず、手続きについての知識もなく、福祉職に就いていながら自分の知識のなさを情けなく感じた。

兄は、入院して間もなく、首が曲がる「斜頸」という症状が現われた。医師に相談しても最初は精神的なものではないかということであったが、家族としては苦しんでいる兄をそのままにしておくことができずに、外出許可をもらい、家族で整形外科の病院に受診をしたところ、「精神障害者はこういう病院に来てもしょうがない」というようなことを言われ、たいへんなショックだったことを思い出す。

その後、薬の副作用らしいということで、量を減らしてもらったが、減らすと精神症状が不安定で、また量を戻すと斜頸が表出するという交代現象がしばらく続いた。面会に行くたびに涙ながらに退院を懇願し続けた兄に、その姿があまりにもかわいそうで、帰るたびに車中で母親と私は涙が止まらなかった。

やがてその姿に耐えられなくなった母親は、退院を決めた。兄はしばらく自宅療養をし、一度は以前勤めた会社に事情を話し、戻ってみたがやはり続くことができなく、病院を変えながら幾度か入退院を繰り返した。

小規模作業所に通うようになった兄

現在は、近くの小規模作業所に通い、もう一〇年が経った。先日、何かの本人部会で話をしてきて、自信につながったと喜んでいた。

私は、結婚や自分の人生を悲観的に考えたが、よき妻にめぐり合い、妻の実家のみなさんも理解あるすばらしい家庭で、いつも感謝している。

つらいこともあったが、全家連主催で「きょうだい交流会」を実施していただいたことをきっかけに、いろいろなきょうだいの立場の方とお会いすることができ、また、みなさん一人一人が暖かい人で、とても自分は励まされ、前向きに考えるようになってきた。現在では地元で小さいながら「きょうだい会」をつくり、定期的に交流をしている。

両親も兄自身も私とは比べることができないくらいに、たくさんつらく苦しい日々を過

ごしてきたであろう。

いま、私は両親と兄と、そして自分たち家族との二世帯住宅で同じ敷地に住んでいる。いっしょにいることで両親や兄が安心できるようにと考え、何もできない私であるが、両親に対して、生きている間のせめてもの恩返しであると思っている。

これからもいろいろなことがあるかもしれないが、もう何があっても立ち向かっていけそうな気持ちもある。どん底を過ごしてきた日々が、私を少しずつ強くしてくれた。

両親も兄もどうぞ安心して、毎日を楽しく過ごしてください。

病気に出会って、いまは感謝

成川祐己

三八年前に入院した弟

兄弟姉妹の会にお世話になったのは三年前のお正月からです。それまで弟が病気になったので、地元の家族会に参加しており、親の立場の人たちといっしょでした。各障害者のふれあいの場で、自分の現状を発表したときに、高畑助教授より、直接私と同じ立場の方がいるきょうだい会があると聞いて、参加したいと思いました。

弟はいまから三八年前、高校に入学して間もなく、学校に行かず部屋に閉じこもって、何もしゃべらなくなり、心配して内科へ連れて行きました。

待合室で待っていると、「おれはこういうところで待っていられないんだ。おれのことはなんでも分かってるんだろう」と言う弟に、私ははじめて変なことを言うと思い、待っていられないのなら急いで家に帰らなければならないと、タクシーに乗りました。

途中に精神科の病院があり、母も病気で金沢に入院していたので、精神科のほうがいいのかと思い、「ここに寄ってもいい?」と聞くと、「うん」とうなずいてくれたので、寄ることにしました。

先生から、「だいぶひどいので、入院したほうがいいですよ」と言われ、そのまま入院することになってしまいました。

私はその日の夜から眠れなくなり、職場の近くの病院に通い、薬を飲みながら仕事をしていました。

病院に帰らず、薬も飲まなくなる

弟は一人暮らしをして勤めたこともありますが、一年くらいで長続きせず、入退院を繰り返していました。

入院中に散歩の時間があると、タクシーで家に帰ってきてしまい、「おれはなんでもないんだ」と、薬も飲まなくなりました。病院からは、「連れて来てください」と言われるだけでした。弟は病院に帰らず、母と私はただひたすらがまんして暮らしていました。

母には、「テレビを見るな」「ご飯を食べるな」「なんでおれを産んだ」と叫んで暴力をふるいました。どうしていいか分からず、警察を呼んで無理やり連れて行ってもらいました。

その後、私は結婚し、子ども二人を育てながら主人の実家の育ての父や大姑が病気になると、いっしょに暮らしたり、子どもをおぶって看病に通ったりしていました。母が弟から逃げるようにして、わが家に来ていたとき、弟は具合が悪くなって自分でもどうしていいか分からず、救急車を呼んで病院に連れて行ってもらったこともあります。

いま思い返すと、自分が悪くなっても、だれにも助けてもらえず、かわいそうなことをしてしまったと思います。

保健婦さんに言われて、退院に向けて毎月外泊をしていました。病状が悪くても、外泊の許可が出ているので、家に連れて来るのですが、その後は病院に帰ってくれず、たいへん困りました。

薬も飲まなくなり、急に悪くなってしまうことが何年も続き、私はたいへんつらい思いをしました。

「外泊しないでずっと入院していてくれればいいのに」と思ってしまいました。いま思うと弟は入院生活がつらく、家に帰れることが何よりもうれしかったのだと思いますが、当時は自分のたいへんさでいっぱいでした。

親亡きあとの困惑

弟が一九歳のとき父が亡くなり、その三年後に兄も亡くなりました。先生に聞いてすぐには知らせず、四十九日ごろに知らせ、お墓参りに呼びました。弟も次々に頼る人を失ったことになります。

平成三年には母も亡くなりました。病気をもった母が元気に植木を切っていたときに、足元の台が倒れ、手を骨折してしまいました。「うちへ来ていっしょに暮らそう」と言ったのですが、新築の家に入院中の弟がお世話になっているうえ、私まで世話になっては悪いからと母は入院してしまいました。そのとき弟は母が入院しているのを知っているのに、毎日毎日母のいない家に電話をしていたと、看護婦さんから聞きました。どんなに心配し頼りにしていたかと、弟の気持ちに気づきませんでした。一ヶ月して退院した母に、「退院できてよかったね」と言ったそうです。

口に出して母のことを心配したのは、はじめてのことだったのでしょう。母はとてもうれしそうに話してくれました。

母の入院中、弟は母のところへ外泊もできず、私たちのところへ泊まりに来ました。外泊の送り迎えもするのです。私は主人の実家を手伝い、弟の外泊をさせ、母の看病で精根尽き果てていたようです。

いま思うと母は私を頼っていたのでしょうが、私は疲れ果てて、少し休ませてほしいという気持ちでいっぱいでした。

母とちょっとした行き違いになっていて、弟を外泊させて、病院に送っていこうとすると、珍しく母のところに寄って行くと言うのです。寄ってみると母は留守でした。病院に送ってから母を探しましたが、母は亡くなっていました。

母亡き後、この世に残されたのは弟と私の二人きり。私はこの弟をかかえて、この先どう生きていけばいいのかと、日に日に精神的に追い込まれていきました。

私のつらさはだれも分かってくれない。主人も理解してくれない。ましてや主人の実家は、育ての父や祖母が病気になるたびに、赤ん坊を背負ってさんざんお世話をしてきたのに、私が困ってもなんの手も貸してくれませんでした。

どうやって人と接し、話していけばいいのか分からなくなり、自分の心を閉ざし、だれも信じられなくなっていきました。

そんなとき家族会のある人から信仰のご縁をいただきました。毎日話を聞いていただき、だれにも言えなかった主人や主人の実家に対する恨みを聞いていただき、一緒に泣いてくれました。また亡くなった両親や兄のご供養をしてくれ、私は心が軽くなり、生きる張り合いがもてました。

「おはようございます」「ありがとう」と言うことの大切さを教えていただきました。「何で私からするのよ」と思いながらも実行すると、主人も挨拶してくれて、びっくりしました。家庭が少しずつ明るくなり、私の心がとてもおだやかになってきました。

そのうち主人のやさしさが見えて、とてもうれしくなりました。弟にもやさしく接することができ、子どもたちからも、「いままでこわくて何も言えなかったけど、何でも言えるようになった」と言ってもらえ、話をしてくれるようになりました。そして仲間の方が弟の送り迎えや食事の世話をしてくれ、話も聞いてくれたので、弟は始めて笑顔を私たちに向けてくれ、とてもありがたくなりました。

一人暮らしをして八年

弟は現在、地域の作業所に通い、クッキーを焼いて売っています。給料は八〇〇〇円くらいです。作業所の所長さんは弟のいちばん嫌がることは入院することだと聞いて、具合が悪くなっても二度と入院させないようにと、みんなで協力してくれています。このような惜しみない援助に言葉では表わせないほど感謝しています。

長いあいだ病気も理解できず、本人のつらさも分からず、言葉や態度で責め続けてきたことに気づき、弟に心を込めて、「いままで孝男ちゃんのつらい気持ちも分からないできてゴメンね」と謝ることができました。

弟は、「ウン」と言ってくれ、弟のやさしさが身にしみました。私より弟のほうが入退院を繰り返して、どれほど苦労し、つらい思いをたくさんしてきたことか。弟のことをより深く思えるようになりました。

いま弟は一人暮らしをして八年になります。ヘルパーさんに掃除、洗濯、夕食を手伝っていただいています。猫まで飼うようになり、元気になりました。たくさんの人たちに支えていただき、両親や兄が残してくれた家やお金もあって、安心して暮らせます。

弟の将来が楽しみです。どんな可能性を発揮するか、いままで病気でできなかったことを少しずつ取り戻して、友人と精一杯努力して、毎日を送っています。

私はいままで病気のことを勉強してきて、とても役に立っています。近所に家族全員が病気の方がいて、私や家族会の人に一〇年前いやな思いをさせられたと電話で怒鳴りつけ

てきたことがあります。その人はつらい思いをして苦しんできたんだと思い、私は一時間以上もただひたすら謝っていました。

その後その人は気がすんだのか、朝に晩に電話をくれるようになり、明るくなってきました。ご主人と離婚するといって調停していましたが、いまは気にしないで暮らしているようです。

また知り合いの人に障害年金のことを伝えて、年金がもらえるようになり、親も子もたいへん助かったと喜んでくれました。親子のかかわり方も、話を聞くだけ聞いて「それでいいのよ」と伝えると安心してくれ、私のほうがうれしくなりました。

こんなにやさしい気持ちで生きられ、多くの方に支えていただいていると実感できるいまが、とても幸せです。

現在「兄弟姉妹の会」にはほとんど出席できません。毎月送られてくる「ニュース」が楽しみです。仲間が体験されていることが身にしみて分かり、共感でき、みなさんが必死で生きていることに勇気づけられています。

過去に病気だった人たちが社会に理解されず、偏見のなかでどんなに迫害され、犠牲になってきたことかと思うと、いまは少しずつ正しい理解をしてもらえるように働きかけることがたいせつだと思っています。

物が豊かになっても、心が貧しくてはなんにもなりません。思いやりのある人間になるのはむずかしいことです。相談する人も頼りになる人もいなくて困っている人、悩んでいる人のお役に少しでもなりたいと思っています。

仲間のみなさんといっしょに、自分たちが明るく暮らし、周りに広がっていくような働きかけをしていきたいと願っています。

共に生きる社会を

山咲夢香

疲れた心を癒せる場所

双子の姉が不調だと知ったのは四年前だった。母とふたりで暮らしていた姉は母と不仲になり、勘当され一人暮らしをしていた。

姉から電話でクリニックに通っていることを聞いた。

「疲れるので人とあまり話をしないように」と、医者に言われたそうだ。そのうち治るだろうと、たいしたことはないと私は思っていた。

しばらくしてわが家に遊びに来た姉は、夜眠れず、不審な行動をとる異様な病人だった。どうすることもできず、病院に連れて行った。病人を連れて都内の電車やバスを乗り継ぐことは至難の業だった。

それからは毎年再発を繰り返した。

突然病人を抱え、どうしたらいいのかまったく分からず、統合失調症の家族をもつ友人に兄弟姉妹の会のことを教えてもらった。お世話役の小沼さんに突然電話して事情を聞いてもらった。「例会にいらっしゃいませんか」と言われ、すがるように例会に参加した。そこには同じ苦しみやつらさをもっている人たちがいた。安心して病気のことを話せた。疲れた心を癒せる場だった。

私よりも長く病気の家族を支えてきた人が多かった。ご年配の方が私に、「お姉さんが病気ですか。これは優しさを学ぶことですから、看てあげてください」と声をかけてくださった。長年病気の人を看てこられた人から出る深い言葉だった。

姉は警察に保護されたこともあった。警察からの電話に夫とかけつけると、まったく動かず、何も聞こえない状態の姉がいた。駅で長時間棒立ちになっていたそうだ。

姉の再発は突然であり、どう対応したらいいのか分からなかった。夜中に小沼さんに電話したこともあった。事情を聞いてくださった小沼さんは、「入院もいいですよ。家族も休むことが必要です。また何か心配なことがあったら、電話してください」と言ってくださった。

赤の他人の突然の電話に親切に話を聞いてくださり、優しい言葉に私は胸が詰まった。この言葉に救われた。

姉の場合は、夜眠れなくなると幻聴が聞こえてきて、人に脅かされるようになる。幻聴の不安から探偵に依頼して、高額の支払いをしたこともあった。しかし薬を飲むことでまた健常に戻ることができた。

服薬しながら一人暮らしをする姉

病気が再発して仕事を辞めたこともあった。保健婦さんに姉とふたり今後のことを相談に行った。障害年金があること、生活保護を受けられることを教えてもらった。障害年金は三級程度の場合は年金がもらえなかった。

社会福祉事務所に生活保護の話を聞きに行った。親切な対応をしてくださったので、ありがたかった。しかし、いままで会社員だったのが、ある日を境に社会の落伍者の印を押されたかのように思え、惨めさをぬぐえなかった。姉は家に戻ってから私に「一生懸命働く。働いて夢香に借りてるお金を返す」と言った。働かなければ二度と健常者にはもどれないようなせっぱつまった思いだった。

姉は保健婦さんに東京都の障害者の施設に連れて行ってもらったが、物足りないものだった。病気の状態はひとりひとり違うこともあって、その人の状態に合う場を探すのはむずかしい。しかし病気になった人が安心できる場が必要だと思う。

日本の社会福祉の遅れを痛感した。社会での精神障害者に対する差別は、病人を抱えたとき、いやおうなく感じ、病気のことを隠さざるを得ない。

現在姉は服薬しながら社会復帰をすることができた。今後の生活に不安を感じながら、一人で生活している。

本人が母親に神経の病気になったことを伝えたが、勘当している母親は応じなかった。もう一人いる姉は病気のことを理解することができなかった。

ほんの少し病気の人を支え、ほんの少し手助けすることを周りの人ができたら、病気の人は生きやすくなるのだと思う。

病気の引き金になる原因や気質、遺伝などがあるとは思うが、だれもが病気になる可能性があるのではないだろうか。病気になった人が悪いのではなく、病気をもった人も共に生きることができる社会を創っていきたいと考えている。

兄弟姉妹の会に出会えたことに心から感謝している。

第三章　共に生きる社会を求めて

私は諦めることができない

神谷かほる

監獄に等しい病院での生活

東京の兄が服薬中断から再発入院して六年、久しぶりの日曜日に見舞いに行った。ちょうど昼食時で、兄はいち早くテーブルについて食事を待っていた。一二時になると、皆はナースステーションの前に置かれた配膳台に向かい、食事がのったトレーを運んで自席に戻って食べ始めた。

兄はその間、ただ「待て」の状態である。食事にありつけるのは皆が食べ終わった三〇分後。それは、ほかの人と同時に食事をすると他のおとなしい患者の食事を略奪するからだ。これを専門用語では「盗食」というらしい。ずいぶんとぶっそうな言葉だが彼なりの理由があるのだろう。まだその理由を本人に確認することはできないけれど、時差食いについては理解しているようだ。

同じ病棟の女性患者から本人がかわいそうだと告げられていたので気にはなっていたが、

実際の場面を見たのは今回が初めてだった。彼の不満気な顔、イライラしながらホールを往復した末に席に戻って我慢している姿を見ると、いたたまれない気持ちになる。兄だけ早めに食事をさせてもらえないか、一緒に付き添ってゆっくり食べるように指導してもらえないかと看護師に懇願すると、身体合併症の患者に手がかかるので無理だと断られた。本当に余裕がないのだろうか、院長に相談しようか、また転院かと思い悩む。

現在の兄は、老人や身体合併の患者が多い慢性期療養型病棟にいる。比較的行動の緩慢な患者が多いので緊張感の強い兄には適しているということだった。以前いた病棟は若くて活発な患者が多かったので保護室に入って布団をかぶって寝ていることが多かったが、今は大部屋にいられる。

ようやく兄が昼食にありつけたので食事の中身を見てみると、プリンに二〇〇ccの牛乳、スパゲッティミートソースの大盛ということだった。散歩もしない、作業療法も参加しない兄の運動量から考えれば十分な量だというが、大の大人が満足できる食事量とはとても思えなかった。

プリンを食べる時は小さなスプーンで細かくすくって食べるのに、スパゲッティは口の中に放り込んであっという間に食べ終わった。危険防止のためにスプーンしか使えないから自然、口に放り込むことになる。もっとゆっくり食べてと言ってもがっついている。

十分にもらっているというのに彼の体がガリガリに痩せているのはなぜだろうか。見る度に痩せてきたように思える。食事の量が足りないだけだろうか。何のためにここにいるのか、いつ自宅に帰れるのか、先の見えない毎日を過ごしている兄にとって病院での生活は監獄に等しい。

帰る場所がない精神障害者たち

今回、私は「統合失調症」という言葉を紙に書いて兄に知らせた。それは兄が病名を知っているとは思えないからだ。かつてこの病名が精神分裂病と言われていた遠い昔、彼には「告知」という現在では当たり前の行為がなされていなかった。病名が変更しても主治医が何度も替わっているし、心を通わせることのできる医師にも出会っていないから告知はいまだにされていないと思う。

このとき、私は兄に「この病気を治すために入院している、回復したら家かグループホームに帰れる」と紙に書きながら伝えた。すると、彼はワンワンとわけのわからない言葉を発した。副作用もあるだろうが、長い間会話をしてないと言語障害まで起きるのだろう。

それを医師によっては解体症状と判断する場合があるけれど、そうではなくて、会話の機会がなければ口角筋が固くなるのだと素人ながらに思う。

よくわからないから書いてと言うと、「自分の家に帰りたい」としっかりとした字を書いた。「グループホームは?」と聞くと、「嫌だ」とも言った。グループホームという言葉自体を理解しているかどうかわからないが、家以外の所ということは察しているようだ。

私は「家に帰っても良いけど、父と長兄が仕事をしろと言うよ」と紙に書きながら言うと、もう何も言わなくなった。高齢の父と痴呆の母がいる自宅に戻っても彼のケアをすることができないし、彼の居場所はどこにもないのが正直なところだった。

父から入院中のタバコはもってのほかと禁煙を命じられているからタバコも吸えない。唯一の楽しみは食事だけだが、それも「おあずけ」である。

食事も満足にできないのであれば問題行動が起きても仕方がない。これは問題行動ではなくまさに適応行動だ。やはり、「衣食足りて礼節を知る」のではないか。病院での拘束や制限も人員配置が一般より各段に少ないからであり、その結果他の患者に迷惑をかけることになる。本人が十分なケアを受けていれば問題行動を起こすことはない。

権利擁護というけれど、彼の場合はどうしたら良いのだろうか。人権とは何だろう。時間どおりに食べる権利さえも剝奪されている患者は人権を侵害されていると言えないのか。同じ病棟内で弱者（身体能力が低下している者）と強者（身体能力が低下していない者）が共存する場合は、強者の人権が侵害されてもそれは人権侵害とは言えないのか。権利擁護というのも所詮、外部の人間の戯言に聞こえてくる。

現在三三万人の入院者のうち、その半数が五年以上の入院者で占められ、その大半は中高年以上の患者である。長い間続いた隔離収容政策の結果、兄のように社会復帰の難しい精神障害者が病院に滞留している。こんなことに気づくようになったのもほんの四、五年前のことである。

社会人大学生になってからの勉強と出会い

二〇代～三〇代は自分がひとり立ちすることで精一杯だったし、家族のことや鉄格子と鉄の扉で象徴される精神病院のことは貝のように沈黙を通していた。しかし、社会人大学生となって一年後、心理学の研修合宿に参加してから私の中で何かが変わった。これまで考えもしなかったが、その一ヵ月後には精神障害者小規模作業所でボランティアもするようになった。

そして二年生の春には社会精神医学の授業で思いがけずM教授に出会い、いつの間にか東京兄弟姉妹の会の代表から連絡をもらうようになった。M教授のはからいと知るべくもなく、「きょうだい」という認識すらなかった私は、例会に誘われても拒否を通していた。

それから長い月日が流れ、学校の帰り道に比較的近い川崎の例会に寄ってみた。すると、初対面の人に他人には絶対に知られたくない部分をいっきにさらけ出してしまった。肩の力がすっと抜けて軽くなり、初めて会ったはずなのに血の繋がるきょうだい以上に心を通わすこともできた。

兄が発病した時に小学六年生だった私が、兄弟姉妹の会に出会うまでの約三〇年間、知らぬ間に心の奥深くに溜めていたものがあったことに気づかされた。もっと早くに出会いたかった。二〇代で出会っていたらその後の人生は大きく変わっていたかもしれない。もちろん人生に「もしも」はないが、以来私は兄弟姉妹の会から抜けられなくなった。

確かに、兄弟姉妹の会に出会ってから力をつけてきたように思う。家族やきょうだいに関する論文や医学書もたくさん読んだ。中でも「精神分裂病の家族」の研究論文は多かった。母親が病気を作る、あるいは家族が病んでいるのであって患者はその一部にすぎない、分裂病者の家族はバラバラであるなどである。ベイトソンのダブルバインド（二重拘束説)、オルソンの「家族の凝集性」についても強い関心を寄せた。

そして、いまだに臨床心理学のテキストには家族の特徴として、「ゆがんだ家族」、「分裂した家族」と記されていることに不快感を抱くようになった。これらの説はどの家族にも適用できる。もはや家族成因説は否定され、生物学的要因と環境との相互作用が主流となった。家族のしつけや育て方の誤りではなく、誰でも過剰なストレスがかかりその置かれた環境条件によっては発病することがある。

これは家族にとっては朗報である。しかし、多くはその事実を知らずに、恥の意識や偏見を持ち続けている。また、医療者は依然として親が加害者であり、子どもは被害者という単純な図式の上に治療を進めて親を責めることが多い。「ひきこもり」にしても、男性に多く発現し暴力にまで発展するメカニズムがわかってきた。しかし、彼らの行動を傍らで眺めながら肩を震わせ怯えるきょうだいたちには誰も目を向けることがなかったのではないか。

こんな思いから様々な挑戦をするようになった。精神科医をはじめとする多くの専門職の方々とも出会い指導を受けるようになって、いつの間にか私はひとりではなく多くの人々に支えられていると感じる。

生きる意味を見出して

私の人生は若い頃には想像もつかない方向に向かっている。フランクルは「生きる意味は彼自身のあらゆる思いに先立ってすでにすべての人間に与えられている。あとは本人がそれに気づけるか、見つけだせるかどうかの問題だ」と述べる。

私は人生後半にしてようやく足元に横たわっていた使命を見出した。兄弟姉妹の会の発足と運営はそのひとつである。かつての私が救われたように、同じ思いを共有できる場を作り、孤独に苦悩するきょうだいをひとりでも救っていきたい。二つ目は、全国的な精神医療ネットワークに参加して精神医療が一般医療並に改善されるよう努めたい。さらに、市民団体に所属して地域から精神保健福祉を良くしていきたい。転居に次ぐ転居で、自分自身の将来像を描くことができずもどかしい思いもあるが、「今ここ」の精神で駆け回っている。

人は正確な知識や情報がないから誤解や偏見をもつ。そもそも差別はそんなところから始まる。それは家族であっても同様である。様々な思いや立場はあるが、家族だけで抱え込まないで、早めに家の外に助けを求め支援を受けなければいずれ自滅してしまう。今思えば、そのことを兄は六年前の再発で身を挺して教えてくれたのだろう。そして、その後の転院、病棟変更、主治医交代、処方薬の変更を兄は乗り越えてくれた。しかし、兄の問題は何ら解決していない。家に帰りたいけれど帰れない兄に安心して暮らせる場所を提供し、障害があってもそれなりに幸せな人生を過ごしてもらうための方策が見つからない。だから、私はあらゆる面で一生この問題から離れられないし、諦めることができないのである。

ありがとう兄さん、幸せになろうね

松本美千子

親の悪口を言わないで

この世の中に完全無欠の人間はいるのだろうか。

穏やかで周りの人たちをホッとさせてくれる人も確かにいますが、何か一つくらいは「直したほうがいい」と心のなかで思ってしまう性格的な欠点もあるはずです。「変人だね」と思われながらも、それなりに社会生活を送っている人は、どの町内にもいるのではないでしょうか。

それらの人たちをみんな病人扱いにしたら、どうなるのでしょうか。もしかしたら、生きている人間はすべて、なんらかの「病気」をもっているのかもしれません。

それなのに、「心の病」「精神の病」だけが、どうして特別に語られなければいけないのでしょうか。不思議なことです。それもいまだに、「過保護に育てられたのね」「親の育て方が悪かったのね」と、覚えたての言葉を繰り返す看護師や保健師がいる現実。それがきょうだいの心をいかに傷つけているか、分からないようです。

「心を病む」兄や姉、あるいは弟や妹をもった、ほかのきょうだいは、そんなにもひどい親に育てられたのでしょうか。

「いいえ」と、はっきり言葉に出して言えるようになったのは、もう六〇に手が届きそうな、いまごろになってからです。

いままで両親の悪口を言われても、病気のことを何も知らずにいたころは、ただ下を向き、「父さんや母さんの悪口は言わないで」と、心のなかで叫びながらも、悲しさと悔しさで、奥歯をかみしめたものでした。

心の支えが必要

確かに心の病がどのようなものかも知らずに、なんとか普通の子どもと同じように……とあせり、かえって病状を悪化させてしまうこともあります。社会の一員として平凡な生活をしていた両親に、なんの勉強の仕方も知らされず、きょうだいから、サァ、きちんとケアをしてください、と言われても、明治生まれの両親には酷というものです。

もちろん、ほかのきょうだいたちも、古い医学辞典を見て、びっくりしました。いままでは、「統合失調症は治る病気」です。薬の副作用も改善され、自分で自分をコントロールしながら、社会の一員として働いている人たちも増えています。

町内会の会長さんや民生委員の人たちに、病気の知識を得るための勉強会をしていただき、見守っていただけたら、もっともっと社会人として働いていけると思うのです。

人は支えあうものです。健康なときだけ助け合うのでしょうか。病気のときにこそ、一人一人にあった、心の支えが必要なのではないでしょうか。いま私の周りには、配偶者の一方が「心の病」になったときから守り支え続けている人がいます。また、きょうだい同士が互いに病気をもったきょうだいを訪問したり、手紙を出し合ったりしている人たちがいます。

そこまでくるのには、いろいろと試行錯誤がありました。その期間も自分のきょうだいと付かず離れずいて、また遠い地に離れていても血のつながりで互いに結ばれていることを確かめ、幸せになってもらうために心を痛めあっているのが分かるのです。

五年ほど前に手術を受け、いま私はその後の抗がん剤による点滴も受けています。さらに思うように動けなくなりました。

その分、夫が私の代わりに兄に会いに行ってくれます。ボランティアの方が兄を誘い出してくれます。多くの方のお力で、いまは私のこころもゆっくりと落ち着いて、兄を思うことができます。

兄さん、幸せになってね。そして、きょうまで本当にいろいろなことがありましたね。でも、兄さんの病気からどれほど勉強させていただいたか、人の心のやさしさを知ったか、しなくてもよい病気だったらしなくてもよい。でも仕方なく得てしまった病気だもの。それらもすべて含めて幸せになろうね。

やはり兄さんは、私の兄さん。私が幼かったころから、やさしかった兄さん。百人一首、スキー、スケートが上手だった兄さん。ありがとう、私の兄さんで。

私が生まれてきた意味を求めて

永野容子

暗い思い出しかない小学生時代

私は、会津に生まれた。小さな町である。四歳違いの弟が生まれたのは、春もうららの五月上旬の夕方であった。体重は軽く、未熟児としてこの世に誕生した。普通の乳児より、ハイハイも遅く、母はずいぶん心配していた。言葉を話すこともなかなかできず、会津一円の病院を駆けずり回ったが、どの医者も、「だんだん歩けるようになるはず」との診断であった。

弟が二歳になりかけのころ、ようやく立って歩くことができた。が、ホッと胸をなでおろしたのも束の間、普通の子どもより知能も低く、言葉もうまく話せず、周りからは、小学校の入学も遅らせたらどうだろうとの意見。しかし、そのまま予定通りの入学をしたのである。

私が小学校の高学年のころ、弟が入学。教室でおもらしをするたびに、弟の担任の女教師から私が呼ばれ、「始末をするように」と命令され、着替え、拭き掃除をさせられた。子ども心にも、なんて冷たい先生なんだろうと感じていた。そして、弟の同級生や私の同級生がとる態度もおもしろ半分。冷やかし、さげすむ様子が手に取るように分かった。

小学校の想い出は、何一つ楽しいものはなく、暗い想い出しか残っていない。

だれも信じられない

弟が四年になったころに、特殊学級ができた。先生方から、「弟を入れるように」とされ、家族にとってもつらい決断であった。特殊学級の担任の先生は、親身になってくれ、私の負担は、軽くなった。弟が粗相をしても呼ばれることがなくなったからだ。

そのうち、私は、中学校、高校へと移り、弟は、中学校に入ると自分の意思でバスケットや剣道の部活を始めた。弟が、中学二年のころに突然、学校帰りに顔をこわばらせ、怒鳴る口調で、「俺のところを誰かがつけている。見ている」と騒いだ

それから、私たち家族にとって、長くてつらい出来事が、昼夜を問わず襲ってきたのである。まだ私は高校に入りたてのころであった。弟はいつも恐怖におびえていた。登校拒否が始まり、夜になると、大声を張り上げ、泣き叫ぶ。近所の人が通るたびに、みな眉間

に皺を寄せて、ジロジロ見ながら、声を潜めて通り過ぎていく気配を、子供心に感じ取っていた。

私は多感なころだったので、自分の置かれている立場しか考えられず、みっともないとか自分のメンツばかりを気にしていた。弟の様子を知りながら、近所の人がわざとらしく探ってくることもたびたびあった。外で弟のことを聞かれても、強い口調で、「私には関係ない」と言い放つくらいの冷淡な態度を取っていたような気がする。しかし、このころから私は、無口になってきた。

だれも信じられない、大人なんて信用できない、みんな冷たいんだ、人の不幸を喜ぶ人たちばかりなんだ、と心に繰り返し繰り返し呪文のように言い聞かせていた。そして、いっさい、だれに何を聞かれようとも、弟のことは話すまい、話さない、と自分の心に鍵をかけたのだった。

弟の症状は悪化をたどる一方であった。周りにある、あらゆる物を投げつけ、ときには、木のハンガーが飛んできて、私のおでこにぶつかって、いまも傷跡が少しだが残っている。

父は、軍手をはめ、弟を押さえつけようと必死になる。しかし、一四歳にもなっているため、力が余っている体と父の年齢とでは比較にならない。父の顔は、みるみるうちに真っ赤になり、息も途絶えがちになりながら懸命に戦う。これは、いったい、いつ終わるのだろうと、胸に手を当てながら、部屋の隅っこで小さくなりながら、「神様助けてください」と祈り続けていたに違いない。

そのうちに弟が私たちに、「出て行け」と怒鳴り始める。そして、母と私の二人だけが着のみ着のままで、近くの親戚へ逃げていく。近いと言っても四〇分はかかる。暗い夜道を私と母がトボトボ歩く。残された父の姿を気遣いながら、どれだけ続いたのだろうか。こんな毎日ばかりだったと思う。

弟の入院と私の決意

父もいよいよ決心したらしく弟を病院に連れて行った。その場面を私は見ていないが、ずいぶん抵抗があって、泣きわめいて車に乗り込んだという事実だけを、両親にあとで聞かされた。涙がボロボロこぼれた。どうしてこんな思いをしなければならないのかと、いつも自分で自分に投げかけて泣いてばかりいたと思う。

ほかの家がうらやましくて仕方がなかった。病名は心因性反応。病名の通りなんにでも敏感に反応して心が乱れてパニックになってしまうのである。

弟は知的障害と精神障害の二重のハンディを背負ってしまったのである。そして、入院となる。私は社会人となり、周りは、私は一人娘なんだろうと誤解していた。なぜなら私はいっさい弟がいるという事実に触れる話はせず、触れられても曖昧にそらしていた。自分を守ることだけに必死だった。

しかし、事情を知っている人たちは、わざと弟について聞き出そうと、探ってくるのである。地域は何年経っても冷たかった。

こんな出来事もあった。私に縁談話があったらしい。その関係者が近所で私の家庭環境を調べに来て、家庭の情報を聞いて、「もらえない」となったことを、あとになって風の便りで耳にした。このころから私はひとつの決心をした。一生独身でいよう、結婚などしなくていい、と心に誓った。さらにもうひとつの決意もあった。

人の心は私の推し量れないほどとても恐いもので、私利私欲でしか考えることができない、醜く、汚いものなんだと。それならば、私にも私の考えがある。この人たちに負けられない、と思う強い気持ちが根底に湧いてきたのである。

ときとして、そう決意したにもかかわらず、他人に対して恐い体験をした子どものように、これまでの出来事が私をトラウマにしてしまった。やはり、他人から受けた傷は相当

に深かったと思われる。その後、理解ある人と出会い、縁があって、いまに至っている。

愛に満ちあふれた世の中を求めて

この原稿を書くにあたり、あからさまにすべてをさらけ出してしまってよいのだろうか、と思いながら原稿用紙に向かっていた。しかし、やはり書こう、書くんだと。いま私は、自分と同じような体験をしている方の話を聞く機会が多く、どの方もみな涙をこぼしながら話す。思わずもらい泣きをしてしまう。

私が、いままで味わってきた苦い思いや出来事を忠実に書くことで、同じ思いをしている方たちの心に灯りがともせて、出口が見つかり、ともに手を取り合って、未来は明るいと大きな声で叫ぶためにも、堂々と胸を張って書きたかった。

振り返ると、弟が病気を教えてくれ、私も戸惑いながらも理解しようとして成長してきたのではないだろうか。弟の存在が私の人間としての心構えや、人に対しての思いやり、いたわり、どの人にも愛情を惜しみなく与えなさい、とゆっくりゆっくり時間をかけて学ばせてくれたのだろうと思う。

最高に感謝している。そして、私に自信や誇りをもたせてくれたのであった。

私の夢は、この世から、偏見と差別をなくしたいのである。

健常者、障害者の区別などなく、同情などではない、人間と人間との関係性が成り立つ世の中になるまで、私は、社会に訴え続けていこうと思う。

いつ、だれが、このような病気になってもおかしくないし、障害を背負うとも限らない。そのときに、どれほどの人がその人の病気をなんの迷いもなく受けとめられて、慈しみ、愛しいと思えるか、そのような愛に満ちあふれた世の中となるまで諦めずにいたい。

私がこの世に生を受けた理由は、これだと思ったのである。生涯をかけてもはたしたい。弟のためにも。弟が選んだハンディではないのだから。大きな大きな夢ではあるが、かなえられると信じて、また一日一日が夢へ到達するためのステップと思い、実現に向けて挑戦しながら生きていこうと思う。

きょうだいとして生きて

杉山　幸子

心の病との出会い

私のたった一人の妹は、精神障害を抱えて生きています。いま妹は、二〇年の入院生活を経て、家の近くのデイケアに通いながら、父や母と共に生活できるまでになりました。こんなふうに静かな生活ができるとは、二〇年前は想像できませんでした。

私は三人きょうだいです。すぐ下に弟、四歳離れて妹がいます。妹は、小さなころからおとなしい子供でした。

弟は三歳のころ盲腸になり、腹膜炎を起こし、生死の間をさまよい大手術をしました。妹はまだ生まれたばかり。母方の叔母さんにその間あずけられ、弟が元気になり家へ戻ったときは、母と叔母がごちゃ混ぜになっていました。

大きな音に敏感で、恐がりでした。小学校のころ、なにかと私のクラスまで助けを求めてくる妹を邪険に扱っていた記憶があります。

妹が高校一年を終えるころ、自主退学を勧められました。そのとき担任の先生から、母は専門家へ相談するように言われました。母も私も信じられませんでした。でも本当はそのとき、もっとちゃんとこの病気のことを知って対応しておけばよかったのです。しかし、私たちは叱咤激励し、妹は別の高校に入学し直しました。妹は四年かけて高校を終えましたが、いま思えば、よくいじめられたり、物がなくなったりするとも言っていました。

私の高校時代は、部活にあけくれ、家にほとんどいませんでした。商売をして、いざこざが絶えない家が大嫌いでした。父をなじる母が大嫌いでした。一日も早く家を出たいと思っていました。

そんなとき、夫と出会いました。出会いは、部活でした。夫自身も、温かい家庭が欲しいという夢を持っていました。初めから結婚を意識していたわけではありませんでしたが、妹が変化していく様子を、よく相談していました。

二人で乗り越える生き方

私が保育の勉強をしていたころ、精神衛生の授業がありました。精神科のお医者さんが先生で、統合失調症の方のテープを聴かせていただきました。妹の話し方と似ているという印象を受け、私が精神科へ妹のことを、相談に行きました。
本人が相談に来なければいけないと言われ、そこから妹は精神科に行くようになりました。

「お姉ちゃんが病院へ連れて行かなければ、私は病気にならなかった」と恨まれた時期もありました。妹は、いつも私を羨ましいと思っていました。お姉ちゃんばっかりずるいとよく言っていました。

私は、短大を卒業し就職して間もなく結婚しました。五年のつきあいの間、私は夫にたくさん尽くしてきました。それは、夫が大好きだったからですが、妹が病気であった引け目と、どこかに共依存的な一面を持っていたからかもしれません。

赤ちゃんが宿り、不安でいっぱいになっている私に、夫は「世の中には、たいへんなことはたくさんあるよ。たいせつなことは二人で話し合って乗り越えていくことだよ」と言ってくれました。

なにものにも代えがたいほどうれしい言葉でした。夫はまだ学生でしたが、ほかの夫婦よりたくさん話をし、困難を乗り越えてきたように思います。夫は困難に遭うと、底知れないパワーを発揮する人です。私の家族（両親や妹）がたいへんなときは全面的に協力してくれました。

私がお産で里帰りしているとき、妹が怒って私に向かってきたことがありました。そのときは、家族になだめられ、彼女はすぐに病院へ行きました。そして、私も主治医に呼ばれ、三人で話をしました。

妹は、また私に向かっていってしまうのではないかとおびえていました。おびえている妹の手を取り、主治医は目を見ながら、「あなたはお姉さんを襲ったりしないよ、ちゃんと謝って仲直りしよう」と妹に直接その場で対応してくれました。思えばいまさかんに行われているＳＳＴ（社会生活技能訓練）をその先生は実践していたのだと思います。その主治医はお亡くなりになりましたが、その後の私の生き方に影響を与えました。

一歩外へ出て見えてきたこと

私は三人の子供を育て、三人目が小学三年生になったころ、自分の生き方に疑問を持ち始めました。

「私は何のために生きているのだろう」

子供は成長し、だんだん私を必要としなくなります。夫も仕事が忙しく、会話も少なくなってきました。

夫も子供も心配し、いろいろ声をかけてくれたのですが、元気になれなくなった時期がありました。そのとき出会ったのが、精神保健福祉ボランティア講座でした。

平成七年に精神保健福祉法の法改正があり、たまたま講座を受講しました。寂しさをまぎらわせるために受けた講座でした。でもどこかに、妹はなぜ病気になったのだろうという気持ちがありました。

どんなに偉い先生が話をしても、ボランティアは怖くて参加する気にはなれませんでした。（偶然にもそこで妹の元主治医がセンター長として活躍されていました。）のり気のなかったボランティアでしたが、そのときガン検診で異形細胞がみつかり、寂しさと不安から逃れるため、人と会いたくてボランティアを始めました。

妹以外の精神障害を抱える方たちに初めて出会いました。「目から鱗」でした。彼らは暖かく、そのままの私を受け入れてくれました。それがとてもうれしくて、私はボランティアにはまっていきました。

そのとき感じたことは、「私がもし精神障害になったら、生きていけるのだろうか」ということです。なぜなら、サポートされるものが何もないのです。病院と家庭、そしてほんのちょっとの地域デイケアしかありませんでした。

　ボランティアを始めることにより、妹が寝てばかりいることも少し理解できました。妹が寝ているのは気持ちよくて寝ているのではなく、何もできない自分を責めながら、それでも寝ることしかできなくて寝ているのだということです。

　ボランティアを通して、私自身のいろいろなことが変わりました。正しい知識が私を変えたのです。私は、母といっしょに叱咤激励することをやめました。妹のことは、母が手伝ってほしいと頼んでも、母ができそうなことは母自身にしてもらいました。

いざとなったら、手伝うというスタンスに変わりました。私がかかわることが妹を追いつめる結果になっていることに気づいたからでした。

　その後、私は作業所のスタッフとなり、仕事として精神保健福祉にかかわるようになりました。作業所に集うメンバーとともに、また運営主体である地域家族会のサポートをメンバーから「家族も幸せじゃないと僕らも幸せでないから手伝って」と許しを得て進めてきました。地域家族会もＮＰＯ法人を取得し、平成一六年六月には生活支援センターの運営を始めました。

自分の幸せを追い求める生き方

私が青春を謳歌しているとき、妹は病気と向き合っていました。いつもどこかで彼女を感じ、気にとめていました。でも何もできませんでした。自分の生活を維持していくだけで精一杯でした。

悪い姉だったと思います。母が父や祖母に「病気の子がこの家に生まれたのはおまえのせいだ」となじられ、肩をふるわせ声を殺して泣いている姿を幾度か見てきました。何もできませんでした。私が、手伝えば手伝うほど妹のジェラシーが強くなりました。でも、何もできなくても良かったのかなとも思います。

自分の幸せを追い求めても、妹のため、母のために自分を犠牲にしても、結果はそんなに大きく変わらないかもしれないのです。だったらきっぱりと自分の幸せを追い求める生き方があっても良いのかなと思うことが多くなりました。

自分の幸せを追い求めることに、罪悪感を持たないことも結構たいへんだけれど、「きょうだいが幸せなら、病気を抱えるきょうだいも幸せになる」と言い切るのは無謀かもしれませんが、不幸なきょうだいに支えられる、病気を抱えるきょうだいはあまり幸せそうではないと思いませんか。

地域に生きている一人として、きょうだいたちも精神障害福祉の発展に力を注いでほしいと願います。自分の家族以外の精神障害を抱える人に出会うことは、自分のなかに凝り固まった偏見や、バリアを低くすると思います。

次の世代へ

若くて産んだ子供たちですが、親の心配をよそにごくごく一般的に育っています。それは、早くから家族の問題に気づいていたこと、夫とよく相談しながら育てられたからだと思います。

私は父と母が喧嘩していると、自分を消してしまいたいほど苦しくなりました。父親が大好きでした。父をなじる母は大嫌いでした。いまは母の気持ちが理解できますが、母と同じ生き方はしたくないと、反面教師のような生き方をしました。

子育ては実験だと思い、夫を中心に家族を作りました。娘三人なので母親とはいつでも話ができます。父親とは、話せない女の子が多いようだったので、家では父と話をしないと何も決まらない家にしました。いま、私の三人の娘たちは成長し、長女は作業療法士として地元の精神科クリニックに勤めています。次女は東京で大学の四年生、三女は高校で准看護師の資格を取り、正看護師をめざすため専攻科へ進学しています。

実験は成功でしょうか?

私は、精神障害のきょうだいがいても、結婚して幸せになれると思っています。ある人が心の病をもつ家族のことをカミングアウトすることは、相手にリトマス試験紙を使うようなものだと言いました。去っていく人、そのまま受け入れてくれる人。考えてみれば精神障害を恐れる人は、人生のなかでの出来事でも逃げ出す人ではないのでしょうか。

最後に、私が書いたこの文章が、いま心の病のきょうだいを抱えて苦しんでいる方の目にとまれば幸いです。

精神障害者の姉になって思うこと

小林綾香

「人生は苦である」

これはお釈迦様の教えだそうです。

「人生なんて、もともと苦しいもの」

そう思うと、人並みではない苦労をともなったこの人生も、まあ、こんなものか、と諦めがつく気がしています。


私には二つ違いの弟がいますが、もともと普通ではない弟でした。不登校、家庭内暴力、ひきこもり、未就労。それに加えて身体が次第に不自由になっていきましたが、どんなに受診を勧めてもいっさい拒否し続け、かたくなな生き方をしていました。

両親は、それなりの心配をしてはいましたが、そんな弟の将来と、そんな弟をもった姉である私の将来を、それほど真剣に考えてはいなかったように思います。良く言えば「子どもを信頼していた」し、悪く言えば「放任主義」でした。

そして、弟が「精神を病んでいた」という事実を知ることなく、数年前に相次いでこの世を去りました。

父にしても母にしても、子どものことよりも自分の人生で精一杯の人たちでしたから仕方がありません。責めたり恨んだりする気にもなりません。

ただ、両親のうちどちらかでも生きていてくれたら。「保護者」という責任の重圧がないだけ、どんなに楽だっただろう。両親がいないぶん、なんでも思い通りにできる「やりやすさ」はありますが、それとは比較にならないほど、一人で背負うには重すぎる現実です。

弟は入院する直前まで、親の遺した家とわずかな財産で、それなりの生活をしていました。姉である私は、この弟にはもう何を言っても無駄だと、とっくに諦めていましたので、「生きていればそれでよし」と思っていました。

彼の人生。まわりがどうあがいても、本人がその気にならなければどうしようもない。弟にしてみれば、両親も私も「冷たい家族」だったのかもしれません。

平成一五年（二〇〇三）五月、弟は精神病院に入院しました。

妄想や幻聴による異常な行動や言動が初めて表面化したのです。そのとき初めて、「明らかに精神病」である弟の姿を目の当たりにしました。

動揺と混乱のなか、私と夫は、診てくれる病院を探し出し、弟をなんとかして連れて行き、そしてそのまま入院となりました。

診断名は「統合失調症」。このとき二九歳の弟は、もうすでに中学生のころ発症していたのだろう、ということでした。もしかしたら精神異常ではないかと感じてはいましたが、それまでは決定的なことが何も起こらなかっただけでした。

このときから、私は、精神障害者の姉、となりました。

そして最近、身体面でも難病を患っていることが判明し、精神身体障害者の姉、という立場になりました。

正直、悲しいとかショックを受けたというよりも、私はホッとした気持ちでいっぱいでした。

やっと医者にかかることができた、こと。

きちんと病名がついた、こと。

障害者として認められる、ということ。

それまで背負っていた荷物を一気に降ろせた感じでした。なぜなら、病気と分かったこと、障害があると認められること、によって、弟自身も私も、この先がんばる必要がなくなった……。つまり、社会に守ってもらえる保障が手に入った気がしたからです。

ただ、統合失調症という病気は想像をはるかに超えた手ごわいものだということには、このあと気がついたのですが。


五ヶ月間に及ぶ入院のあと、弟は二ヶ月間自宅療養をしましたが、今度は自殺願望が強くなり、再入院しました。

自宅療養中の弟は、まったくの病人になっていました。入院前の「それなりの生活」すら送れず、つらい、つらい日々でした。

離れて住む私も、流れてくるニュースに「弟じゃないかと」敏感になり、毎日の電話と週二回の訪問で、それまでになかったような落ち着かない日々を送っていました。

日々、精神障害者と接することが、こんなにもエネルギーを消耗するのかと思い知らされました。たとえ会話をするだけでも、とにかくヘトヘトになってしまうのです。

いつも疲労困憊で、自分自身も人付き合いが億劫になりがちでした。私に起こる日々の出来事は、あまり話したくない内容や、たとえ話してみても理解してもらえない話が多いような気がしたからです。そうなってくると、ますます孤独感を生み、いつしか自分自身の精神までもが蝕まれていくのを実感しました。

そしてさらには、ほかの障害（知的・身体）と違い、制度が充実していないわけですから、「家族がひたすら看続け（かかわり続け）なければならない」という絶望感が、ずっしりと気分を重たくさせました。

外に出られない、あるいは、病識がないことが障害なのに、そのいちばんたいへんなところ（外に出すことや服薬を継続させること）は家族任せにしている。そんないまの医療や福祉のままでは何も解決しないと思うのです。

「統合失調症は百人に一人がかかる病気です。身近な病気なのです。決して恐ろしい病気ではないのです」

家族会などでよく耳にする話ですが、本当にだれでもなりえる、よくある病気だったら、もっと、医療も、福祉も、進歩していていいのではと思うのです。「よくある病気」だとしても、「本人だけでなく周りも病んでしまうほど、たいへんな病気」であるということも、きちんと話してほしいと思います。

このたいへんさを
このつらさを
この苦労を、
もっともっと多くの人に理解してほしいと願います。

兄弟のなかでも、上下の違いや兄弟仲のよしあし、年齢差などによって、それぞれ苦労も異なると思います。また精神病は、個人によって症状が異なるのも事実です。
それなのに、兄弟姉妹の会に参加するようになって間もないころ、自分とまったく同じ立場の人を求めたりしていました。
けれどいまは、同じ兄弟という立場で、お互いの顔を見ながら、ありのままを話せる環境に居心地の良さを感じています。

兄弟姉妹の会は、相手が困らないように気を遣うだの、言葉を選ぶだの、利害を考えるだの、そういうものがない、気楽に話ができる唯一の場です。

会に参加して、精神障害者の兄弟をもつ人たちはみな、本の一冊も書けるくらいの壮絶な経験をしてこられていることに驚きました。私も自分の人生の波乱万丈さには自信があったのですが。

私は思うのです。いくら兄弟といっても、一心同体なんかではない、と。弟には弟の人生があるし、私にも私だけの人生があるはずです。兄弟とは同じ時代（世代）を生きていくのですから、必然的に親よりもずっと付き合いが長くなります。

障害者として、この先何十年も生きていかなければならない弟は、もちろんたいへんだと思います。でも、支え続ける者にとっても充分たいへんなことなのです。

以前読んだ、ひきこもりに関する本にこんな一節がありました。

「一番の被害者は、ひきこもっている当人の兄弟です」

ひきこもりに限らず、病気の子どもがいれば当然、親の関心もそちらに集中します。兄弟である私は、「あなたは一人でも大丈夫」なんて言われました。あるいは、「私たちが死んだら、……のこと（病気の兄弟）よろしくね」と、まるで病気の兄弟のために生きなければならないと思わせるようなことも言われました。

病気になってしまった本人やその親をケアする言葉はあふれているのに、なぜ兄弟を気遣う言葉ってないのだろう。

この本を読んだとき、やっと理解してくれる人が現われた、と私は本当に救われた思いがしました。

私は弟のことで自分の人生を犠牲にするのは、くやしいし、もったいないと思っています。大きな苦労のない、人並みな生活は諦めようと思っていますが、それでも、いつも自分をいちばんたいせつに考えたいと思っています。

巻き込まれず、
がんばりすぎず、
つらいときは、冒頭のお釈迦様の言葉を思い出して。

長く拙い文章を最後までお読み下さり、ありがとうございました。

交通事故がきっかけになって

渡辺悦雄

高校三年のときに一つ違いの姉が発病

姉が発病したのは、いまから三四年前のことでした。二人姉弟で年子のため、いつも喧嘩ばかりしていた姉弟でした。

当時、私の家族は父が国鉄職員で転勤ばかりしていたので、私の通った中学校は一、二、三年と全部学校が違いました。高校も転校し、二つ通いました。ちょうど私が高校二年になるとき、転校しなくてはならなくなりました。しかしそのとき姉は高校三年生になり、あと一年だからと、転校せずに約一時間半の距離を通学することになったのでした。

そのため、姉の生活は私を含めて家族の目の届かないものとなり、気がついたときには、姉の表情は思いつめたようになり、服装もなんとなく変になっていました。

そのころ優等生の部類に入っていた姉の成績は、がたっと急降下し、これはいったいどうしたことかと、大学進学を目の前にして両親は心配するばかりでした。

その後姉が病院にかかるまでおよそ一年が経過しました。現在にいたるまで入退院を二回、トータルで一ヶ月から一ヶ月半の入院生活を体験しています。

家を飛び出す毎日

姉の発病の原因は、失恋でした。入院は、相手の男性の就職した仕事場に何度も何度もおしかけ、空いているアパートに入り込んで住居不法侵入などで警察沙汰になったことがきっかけとなりました。

姉の症状は幻聴が聞こえること、そして家を頻繁に飛び出すというものです。姉が家を飛び出すたびに父親が探し回っていました。家を飛び出した回数は二六回と、姉はいまでも覚えているそうです。

姉は高校を卒業してまもなく予備校に通いましたが、二週間しか持たず症状を悪化させていきました。

一九七〇年に大阪で万国博覧会がおこなわれました。万博には祖父と私を含め従兄弟四名が泊りがけで見に行きました。姉もいっしょに行きましたが、当時の写真をみると姉はいつも黒いサングラスをかけています。人の目がとても気になるくらいに悪化していたため、万博から帰って一ヶ月もたたないうちに、はじめて入院することになりました。

その後一度再発し入院しました。再発の原因は服薬をしたふりをして、ゴミ箱に薬を捨てていたことによります。分かったときはショックでした。薬を飲むことは精神病の患者にとってそれほどまでに苦痛なことなのです。

退院後も容態が悪いときの姉は、よく外に出ては、万引きをしたり、自分の過去を忘れたいのか、いろいろなものを近くの川に投げ捨てたりしていました。写真や学校関係のありとあらゆるものが、身の回りから消えていきました。表情も険しいものでした。万引きして警察に捕まったことも何度かあったと思います。

退院後は少し落ち着いてはきました。しかしそれでも空笑が激しく、薬の副作用もあって歯がなくなったりしたため、両親は外出もできるだけさせないようにしていたようです。

私は姉の病気にはあまりかかわってきませんでした。薬を飲んだためか、いっときとても落ち着いて、しとやかになったという記憶が片隅にあります。

私が高校時代の友人を家に呼んだときなども、姉として紹介できるくらいに回復していたのを覚えています。

姉は高校三年生、一八歳で発病して以来、通常の社会生活からは無縁となり、実家で両親といっしょにひっそりと生活していきました。三四年間、いくらか良くなったり悪くなったりはありましたが、入院するほど悪くなるわけではなく、また外に出られるほど良くなるわけでもありませんでした。

二〇〇二年五月に私は姉の主治医にはじめてあいました。姉の病名は「精神分裂病」、そして分類は残遺型、妄想型、カタトニーとのことでした。

私の人生観に影響を与えた姉

姉の急性期は私の大学受験から大学生活の期間にぶつかっていたため、いまから思えば私の人生に大きな影響を与えました。当時は、精神分裂病という病名すら知りませんでした。両親も病名を知ることよりも、娘がなぜこんなに変わり果ててしまったのかと、ろうばいしてはいろいろなところに足を伸ばし、先祖の供養や水子の供養に原因があるのではないかと、宗教関係者に見てもらったりしたこともありました。精神病という病に突然とりつかれた衝撃が、あまりにも異常な出来事として記憶に残されました。

姉の病気は、弟の私にどのような影響を与えたかを、ときどき考えることがあります。姉が発病して私が素朴に思ったことは、平凡な人生なんか送れないということでした。なぜそう思ったかはよく覚えていませんが、ショックであったことは確かです。何が何だか分からない、これはたいへんなことなのだという雰囲気が家族を支配していました。

私が大学に入ってから、まず自分をかえようと一人旅に出ました。学生生活の多くの部分を一人旅で過ごしました。当時は学園紛争が終わりかけていた時代でした。三無主義とも四無主義ともいわれる無気力さが支配しつつありました。

学内では内ゲバをみかけることも時々ありましたが、全体の雰囲気は学生運動に耳を傾けなくなってきていました。平凡な人生を送らないと決心する一方で、私には社会にも目をむけなくてはいけないと思う真面目な面がありました。

大学四年になって就職が決まったあと、私は、それまでの右か左かといった既成の運動とは異なる自主性を大事にした人間中心の運動にめぐりあい、その後二〇〇二年秋まで近くかかわってきました。社会の歯車に乗っかった人生はいやだという思いが強かったのだと思います。

ですから、平穏な生活、いわゆる波風のたたないような生き方とは青春時代に決別できたことを、私は姉の病気に感謝したい思いが心の奥底にはあります。

姉の存在を大きくした交通事故

二〇〇〇年一一月、両親と姉が乗った乗用車が都内の私の家に向かう途中、高速料金所付近で交通事故を起こし、父が骨折入院、母が一ヶ月の安静、姉は無傷というショッキングな出来事に遭遇しました。

この交通事故以来、精神病の姉とどう向き合うのかという問題に直面せざるをえなくなりました。両親が健在なときは、結婚して独立し実家から離れて住んでいた私は、まるで関係ないことのように思っていましたが、突然の事故により、精神障害者をもつきょうだいがたどる道を共有するようになったといえます。

私は社会問題への関心はいくらかあったので、以前から地域での精神障害者との付き合いはありました。精神障害者が働く喫茶店にも時々顔を出していました。

ところが、いざ姉のこととなると実家の両親にまかせきりだったため、交通事故にあってはじめて、私は精神障害者の姉と生涯関係していかなければならない立場にあることを自覚したといえます。

そのようななかで、めぐり合ったのが兄弟姉妹の会でした。

同じ境遇の仲間がいる、みんな兄弟姉妹のことをどうしたらよいか悩んでいました。話が通じる人たちの集まりに出会えたことは、私にとって大きな救いになりました。

私は、兄弟姉妹の立場が親の立場とは異なるということをはじめて知りました。私は家庭をもっているため姉をひきとっていっしょに生活することはむずかしいと考え、いまのうちから自立できるように働きかけようというのが、私の姉にたいする方針となりました。

きょうだいSST（社会生活技能訓練）により、姉にたいするコミュニケーションのとり方を学びました。新薬の勉強もし、主治医に会って話し合い、新薬に移行するようにしました。経過はまずまずです。田舎の数少ない作業所にも三ヶ月ほど通いました。

あたたかい心が通い合う社会を求めて

働きかければ働きかけるほど、姉はよくなっていきました。喜ぶべきか福祉切り捨てと悲しむべきか、精神障害者福祉手帳と障害年金の級数も一級から最近二級になりました。家の手伝いもできるようになり、私たち家族が実家を訪れると、姉がつくったおいしいごちそうにありつけるといったサービスぶりです。

作業所にはじめて行ったときに、姉が自己紹介したなかで印象に残ったことは、私はまだ結婚をしていませんということばでした。結婚願望が強く、男性を意識してしまうところは、いまも昔も変わりません。

そんな姉が自立できる道のりは近いのか遠いのかは分かりません。しかし、幸せになりたい、結婚もしたいという人間としての素朴な願望がかなえられる社会でなければならないと思います。

精神障害者が堂々と生きられる社会、多くの違いのある人々が共存し、互いを受け入れられる社会、いわゆる弱肉強食の社会ではなく、あたたかい心が通いあう社会をつくっていくことは、精神障害者をきょうだいにもつ私たちにとって利害のある重要な関心事であるということを実感しています。

第四章　きょうだいとの別れ

姉を見送って

高橋敬臣

姉の死に納得できない

二〇〇三年一一月一七日、姉の希望により私は、病院から駅前への外出に付き添った。足が弱って、ヨチヨチとしか歩けない姉を連れて駅ビルに入った。喫茶店で姉は「病院のお手洗でお仕置をされた。ビュービュー風が来て何もできなかった……」と訴えた。

私は、脳貧血等によるものだろうと答えた。そば屋で昼食をとり、来年の手帳を探し、化粧水を買い、年賀はがき四枚を渡し、病院まで付き添って別れた。

一二月二日、病院から電話があり、姉が急性肝炎になり、治療ができる病院に転院させる、明日一〇時に転院先の外来に指定したものを用意して来るようにと言われた。

一二月三日、一〇時ごろ救急車が到着した。姉は吸入のマスクをつけていて、意識がなかった。私は思わず、「話がちがう。いつからこうなった、何のために入院させていたか分からない」と叫んだ。

救急隊員が搬送するときは、意識はなかったという。付き添ってきた看護師の話では、朝支度をしているうちに、意識がなくなったという。入院時の検査では、脳波平坦、低血糖、肝臓悪化、両肺が肺炎になっていた。酸素吸入と点滴の治療が続けられた。

意識は回復しなかった。肝臓の数値はよくなったが、肺炎は治らず、片肺がつぶれた。二〇〇四年一月三日死亡。享年六七歳。

姉の死に、私は納得できない。年老いた両親を引き取って暮らしていたとき、父は家で具合が悪くなり、入院八日目で死亡、八一歳。母は四回入院のあと、家で死亡、八四歳。姉は、いままで大病もなく、ほかに持病も聞いていなかった。危篤で一ヶ月生きたことから、前の病院で早目に手当てしていれば、死なずにすんだと思う。

姉の転院先が見つからない

姉の歩行の弱りや、足のむくみには、それぞれ気づいた時点で、私は医師に質したが、「問題ない」と言われた。姉の手帳には、「だるい」と医師に訴えたことや、ところどころに「倒れた」と記されていた。

看護師もみていたはずだ。

内科も役に立っていないではないか。入院中、姉は、二三区内の病院、理想的には慶應か順天堂の内科に入院したいと手紙をよこしたし、私もなんとかしたいと思っていたが、間に合わなかった。

この病院には、姉が六六歳のとき転入院した。前の病院から姉が腸閉塞になる恐れがあり、内科のある病院に転院してほしいという話があったとき、私は尽力を決意した。

その病院には、姉が五七歳のとき転入院し、何度も「退院したい。内科病院に入院したい。精神病院では死にたくない」と言われていた。

病院が紹介した転院先は、痴呆老人が主なので断り、自分でも当たってみた。全家連、精神保健センター、保健所は、役に立たなかった。

内科に受診させたが、入院は断られた。内科もある病院を尋ねたが、合併症は扱わないという。合併症を扱う病院を尋ねたが、結局断られた。この際、通院に切り替えようと考えたが、保健所に訪問看護は対応できないと言われた。療養型の老人病院に入院することも考えて、要介護認定を申請した。

しかし、病院から命にかかわると催促があり、命第一と考えて、病院の紹介により、先の病院に転院したのだった。

転院の話があったとき、「薬をやめたら、腸はよくなるか」と聞くと、医師は、「やめても、治らない」と言った。じつは、そのときの一年半前に、その病院で、私が以前に参加していた「兄弟姉妹の会」の身内の方が、腸閉塞がもとで亡くなっていたのだ。その事情を知ったのは二〇〇三年一〇月。私はうかつであった。

最初の入院は、姉が二九歳のとき。評判のよい病院に転院後に退職。再就職後四七歳のとき入院、のちに退職する。退職すれば、落ち着くと期待したが悪化し、五五歳で入院。五七歳で一回入院、再び同じ病院に入院したとき、そこの水準より症状が重いということで、腸閉塞の例の病院に転入院した。

そのとき姉は玄関に入る前に逃げようとした。押さえた院長を蹴って抵抗した。いま振り返ると、その後の苦難を予知した行動といえなくもない。

姉は二九歳より薬を飲み続け、薬害により五七歳ごろから腸が弱りだし、六六歳で付け足し程度の内科のある病院精神科に移され、便秘と下剤による排泄の繰り返しで、低栄養、体重減少、筋力・抵抗力低下、急性肝炎、肺炎、血糖低下で意識を失い、合併症対応病院に送られたが手遅れで、六七歳で死亡。

以上が私の解釈である。

呉秀三の批判はいまも生きている

一九一八年（大正七年）に東京帝国大学の呉秀三教授は記した。

「我邦十何万ノ精神病者ハ実ニ此病ヲ受ケタルノ不幸ノ外ニ、此邦ニ生レタルノ不幸ヲ重スルモノト云フベシ。精神病者ノ救済・保護ハ実ニ人道問題ニシテ、我邦目下ノ急務ト謂ハザルベカラズ」

この批判は、現在にも通じるところがある。

日本は精神病院のベッドが多い。医師・看護師の数が他科より少なく、長期入院で薬が多く、合併症の治療のベッドが少ない。退院後安心して暮らすところや、支援が少ない。

姉の場合、ほかにどうすればよかったのか。アパートを借りていたが、一人暮らしは無理になった。病院は、不自由で生活の場として不適当だし、ましてよくならず、薬害・院内感染があるなら、入院しないほうがよい。姉が私にいっしょに住まわせてほしいと言ったとき、私は断った。姉のために老人ホームも見に行った。

姉は、要介護1の認定を受けた。私は姉を精神病院から退院させ、老人ホームか、次善の策として療養型老人病院に入れてやりたいと思っていた。

姉のために、わが家は苦労した。次姉は姉に敵視され、ケガを受けた。私は姉に石を投げられ、腹を立てた私が姉を追いかけ転倒させ骨折させてしまったことがある。アパート退去の引き取りが三回。二つの職場での入院から退職までの対応。夜中に警察に保護されたときは、私が身柄を引き取った。霊感商法に三回ひっかかり解約に苦労。一部は戻らなかった。

入院は九回、通算一六年八ヶ月。何よりも私が不快だったのは、姉の発病により、夫婦げんかや母の愚痴が始まったことだ。母が姉を身ごもっているとき、祖母が母を追い出そうとして、いじめたというのだ。姉の件で親類からも来ないでくれと嫌われもした。それでも両親が元気な間は、姉のためにできることは、なんでもやった。

病気の本人がいちばん苦しんでいる

姉のメモ帳、手紙の下書き、四〇年分の手帳に目を通している最中である。

気がついたことは、病気の本人がいちばん苦しんでいたということだ。本人は症状のある間中苦しむが、家族も、職場の人も、本人と接するときだけの苦しみで、避けることもできる。

この病気は、解明されていない。根本療法はない。脳は最終で最大の研究分野だ。この厄介な病気をかかえながらも、姉は、まじめに、あきらめず、向学心、向上心をもって努力した。

三度もアパートで自活をしたのは、静かな環境で勉強するためだった。高卒後受講し、司書補の資格を取り、図書館に勤めた。働きながら受講し、司書の資格を取った。病気回復後、図書館に再就職した。二つの図書館に通算二八年在籍した。珠算三級、料理にお花。結婚を望み、人に頼んだり、相談所にも行ったりもした。大学通信教育部に二つ入学していた。NHKドイツ語入門テキストが二年分あった。図書館協会には亡くなるまで約四〇年入会していた。

長い間、親しく手紙をやり取りしていた学童疎開先の子、職場の元同僚などがいたこと。職場の旅行、行事等でのいい顔つきの写真、笑い顔の写真を見て、幸せなときもあったのだと、救われる思いがした。

姉の手帳を見ると、九年も前から便秘で苦しんでいた。私には、便秘については訴えなかった。私が反省しているのは、姉に対して面会、外出、外泊、衣類の入れ替え、役所の届け、アパートの見回り等はまめにやっていたが、医師との面会は数回しかやらなかった

貸出・返却
NHKラジオ
ドイツ語講座

ことだ。医師とよく話をしていれば、医療の限界に早く気がついたはずだ。

もっと生きてほしかった

私は兄弟姉妹の会に参加して勉強させてもらった。会で得た知識は役に立った。飲み会は息抜きになった。ただし兄弟はまず、自分自身の人生を充実させなければならない。就職し、結婚し、子どもを育てることだ。

病気の身内に対して兄弟は、できる範囲で面倒をみればよい。親の介護を介護保険で社会が面倒をみる時代になってきた。病気の身内も当然、社会が面倒をみるようになるべきだ。兄弟や後見人は病気の身内が社会で不当に扱われないように制度の監視や改善を行なうのだ。そうなれば親亡き後も、兄弟のいない人のためにも安心になる。兄弟は愛情を受け持つのだ。

医療は患者に奉仕するものだ。説明と同意による医療の記事を見かけるが現実は違う。入院時に私は薬をなるべく使わないように申し入れた。入院中姉が薬を減らしてと頼んで断られている。姉が薬を拒否したとき、口をこじ開けて飲ませたそうだ。入院患者の立場は弱いので、収容所のようになってしまう。姉は任意入院であった。死亡まで連続一〇年の入院である。

母の介護五年が重なるが、私の怠慢もある。長期入院は異常である。入院は短期に限る。精神科医付の個室の老人ホームや寮がほしい。むだな治療はしない、精神病者のためのホスピスもあればよい。精神病者や精神医療は差別されているところがある。

一般人の意識を向上させ、差別を解消したい。精神病者もいろいろな病気になる。他科受診で差別されたり、入院を拒否されたりすることがある。一般医師が精神病者を敬遠するのだ。医師になる教育で精神医療が必修となったが、現在の医師にも理解され、精神病者が必要な医療を必要な時点で受けられるようにしたい。

姉が働いて貯めた、なによりも大事にしていた老後の資金が残された。もっと生きて、幸せに暮らし、使い切ってほしかった。これを機に、自分の死の準備をしよう。放っておいた遺言書を書こう。明日死んでもいいように。

優しさと偽善

長谷川裕子

四〇年にわたる姉の闘病生活

姉が突然の肺動脈血栓で昏睡状態。このままどれくらい生き続けられるのか？

いつもの眉間のしわが消え、穏やかに眠り続けている。統合失調症が奇跡的に治るのなら、人生のやり直しに望みもてるが、プライドの人一倍強い姉は、自らを責める幻聴と劣等感にもがき続けていた。

幼いころから感情の激しい、自我の強い、むずかしい気性だった。四つ違いの私が、母にほめられるようなことがあると、激しく暴れた。母は私を無視して、一心に姉をほめ、自信をつけさせようと努めていた。周囲から甘やかしだと非難されても。

正式に精神分裂病と言われたのは一六歳、ちょうど四〇年間の闘病生活だった。症状の激しかった最初の一〇年は、入退院の繰り返し。電気ショック療法、インシュリン療法など、本人が望んだとしても、過激な治療が行なわれ、厚い鉄扉の奥で泣き叫ぶ声に、面会に行くたびに心が張り裂けた。帰りの電車のなかで、あふれる涙を止められなかった。

姉が盲腸のときには、普通の病院に長くは入院させてもらえず、私が精神科の病棟に何日も泊まりこんで看病した。当時の入院生活は年ごろの娘にはあまりにも悲惨だったので、自宅治療に切り替えた。何時間もときには何日も根気よく姉の話を傾聴しても、説得しても、結局は目をむいて暴れまわり、叫びまわり、それを止める私の身体は、生傷が絶えなかった。

警察のお世話になることも、たびたびだった。姉が入退院を繰り返し、五、六年くらいして、入院費や最低限の生活を支えるために、病弱な身体に鞭打って働いた母は倒れ、父は親であることを放棄し、アルコールと暴力に溺れた。

姉の世話は一七歳の私の生活に重くのしかかってきた。自宅で療養しているときも、私には理解できない幻覚や幻聴のために、かぼそい母を困らせるのを見ていると、どうしても姉のつらさを理解しようとする前に、その執拗な症状から母を守ろうとして、いつも激しい取っ組み合いの喧嘩に発展した。それがたび重なっては入院するパターンができてしまった。

そのころの記憶では、姉は宿敵の私をずっと恨んできた。私も姉のことが理由で壊れた縁談の傷を、ずっと引きずってきていた。

姉は病気に理解のある一九歳年上の人と危ういながらも、家族の懸命な支えで、二〇年間の結婚生活を経験したが、薬を飲まないほうが頭が冴えて調子がいいと、中断していた時期のつけで、激しい被害妄想と幻覚で家出と彷徨を繰り返した。

わが家に戻ってくるまで、私は少し肩の荷を下ろし、母の看病と自らの子育ての余裕を与えられていた。子どもを生むことは私には恐怖だった。母のように病気の子どもを愛せるだろうか？ 母が最後に、「あなたが見捨てたら、お父さんもお姉さんもホームレスになってしまうから頼むね。見捨てないで！」という言葉を残して逝き、義兄も姉を託すメッセージを残して他界した。

姉を自立させるために

精神的には一七歳のとき以上に重圧を感じた。この一〇年間、姉の自立した幸せな生活をどうやって築いていったらいいのか悩み、模索した。

中部保健センターにも入所させてもらったが、途中で病院に返されてしまった。グループホームも探し回ったが、重すぎると断られた。

どうしていいか悩んでいたときに、兄弟姉妹の会の存在を知り、藁にもすがる思いで勉強会にも参加させてもらった。どう接することが適切なのかを学び、だいぶ聞き上手になった。もっと前にこのような仲間との交流があったなら、姉を追い込まずに、もう少しうまくやれたかもしれない、と心が痛んだ。

病院生活が長かったせいか、姉はなかなか身の回りのことができず、病院のなかにあっても、自立はむずかしい状況だった。月に二、三回面会に行った。食事をしたり、コンサートに行ったりした。日帰りの旅に連れ出すのが精一杯だったが、姉の恨みも和らぎ、私をいたわる言葉もかけてくれるようになった。

姉の病気の苦しみを少しずつ理解するようになってはいたが、毎日夜討ち朝駆けの電話で、えんえんと幻聴の相談を解決しなければならない日常に、私の家族も姉の存在をうとましく思っているのは明らかだった。

入院している患者さんのなかには、家族から見放されている方も少なくない。私も無視できたら楽になれるのか？　あんなに憎いと思った姉をここまで面倒みる必要があるのか？　家族に気兼ねをしながら、父や姉の世話をしているのは、愛情と思いたいけれど、偽善なのか？　血のつながりのなせるわざなのか？

心が判然としないまま、だれよりも長く姉と人生をともにした私。

やっぱりお姉ちゃんが好きだ

病気から解放されたように、昏々と眠りつづける姉の、ピアノを弾くことしか知らなかった柔らかな指から伝わる温もりを感じたとき、いろいろなことがあったけれど、やっぱりお姉ちゃんが好きだと感じた。

家族であっても、きちんと理解してあげられなくて、ごめんね。病気によるさまざまな症状や薬の副作用などを、あなた自身の人格と誤解され、嫌われてしまうのは、本当につらかったよね。

もう、がんばらなくていいのよ。

最近は統合失調症もメディアでだいぶ取り上げられるようになったけれど、社会の偏見にもとても敏感だったから、疲れてしまったね。

大好きなお母さんのところで、ゆっくり甘えてください。合掌。

兄ちゃんは心まで病んでいなかった

名村忠

兄の保護義務者になる

私の兄が死んでから、もう二年と二ヶ月になる。

ベッドから落ち大腿部を骨折し、国立病院に移送され、直ってから自宅で静養していたが、便が出なくなり、長年入院していた病院とは別の精神病院に入院して、間もなく亡くなったのだ。

自宅は兄の家でもあったが、末っ子の私が相続を完了していた。

享年六八歳であった。

最後は腸閉塞で便通がなくなり、精神病院に併設の内科病棟で他界した。

ほぼ四〇年近く、隣の市との境にある別の精神病院に入院していた。山腹を切り開いたところにある、自然環境のいい病院であった。

母が高齢になり、やがて寝たきりになってからは、末弟の私が、この弱い次男の面倒をとくにみていた。

母が寝たきりになる一〇年くらい前に、無理して行なった経済措置入院を解除し、結婚した私が扶養者になり、次男を家族の一員とすることにより、入院費をまかなうようにと、ケースワーカーから指導を受けていたのだ。

父が警察官を退職して始めた質屋業を、父死亡後も母が慣れない身で営業するという、決して豊かではない生活であったのは事実である。兄弟姉妹のだれが親の家に入り、次男の面倒をみてもよかったのだが、末弟の私が土地を相続できる、また県内移動の安定した公務員ということもあり、新築して母親との同居を始めたのだった。

このときはすでに覚悟を決めていた。しかしそれ以前は兄が精神病という事実の前に、私はさまざまな点で茫然自失していた。私はすぐにケースワーカーの助言を受け入れざるを得なかった。

すなわち実質的に私が保護義務者になるということだ。

苦悩と戦いの日々

私は最初の大学を卒業するとき、教授の勧めもあり、国家公務員保護監察官の試験を受けた。まぐれ当たりのようにして一次試験に合格。二次試験は法務省まで出向き、先生のコネを持って面接を受けた。たぶん合格すると胸をわくわくさせていたのに、不合格になってしまった。最後の詰めができなかった。運命がそれを許さなかった。あとで先生の話をよく聞いてみると、不合格の理由は兄が当時の分裂病で、精神病院に入院していることが原因のようであった。結局私は相対的欠格条項に相当していたのだ。

それから私はこの精神病というものに、とくに苦い興味を感じ始めた。保護監察官の受験に不合格になってから、自分の就職先を見つけるために一生懸命勉強すると同時に、この病気が半分は遺伝によるものだと聞かされ、不安に落とされた。

「こういう兄を抱えていると、いいところには就職できないのではないか」という不安だ。できるだけこの事実を世間から隠して生きることもできたかもしれない。しかし日本は民主国であり、法治国家である。家族主義より個人の努力が報われる国家であるはずだというう確信があった。しかしこういう若い信念では軋轢と反発を生むだけであった。

「俺は違う」と自分に言い聞かせながらも、「俺はダメなんじゃないか」という不安があとから加わり、また好きな人に冷たくされるのは、このせいではないかという疑心暗鬼もあり、当時は状況に勝つために必死の戦いの連続だったと思う。

どうすればいいのかよく分からなかった。行動をしないのがいいのか、行動をするほうがいいのか、分からなかった。ただ勉強だけはした。そして私は周囲の助力も借りて克服し勝った。なんとか二つ目の大学に学士入学し、教員採用試験に合格し、そして大学院の入試にも合格した。晴れて正式な教員になったとき、私は二八歳であった。

私は自分に大いに関係のある兄の病む分裂病に真正面から取り組んだ。母が元気なうちから保護義務者になり、母に代わって病院家族会のお花見、厨房での給食体験、運動会、盆踊りに参加した。

病院家族会の代表になり、地域の精神障害者援護会の会長にもなった。いろいろなところで堂々と挨拶し、家族の恥ともいうべきものも披瀝し、どうしたらいいかと同朋に訴えてきた。

「ぜんかれん」と「レビュー」を購読し、知識を深めた。自信を得たかった。家族の代表として謝礼ももらって、三、四回各地で家族対象に講演もした。

自衛隊に入隊し、お国のために活躍していた次男がどうしてこのようになり、またどうして家族は怒りにも似た悔しい思いをするのか、解明したい気持ちがあった。本人の意志が弱い、家族の血統だ、という声が一方にあった。家族の恥部は隠しきれるものではない。

電波のように近所、職場に広まった。精神の病に偏見をもつ日本の社会を考えた。

母と兄の面倒をみる責任

これが運命なら甘受して戦うしかないと思った。要するにこれは先祖以来の避けては通れない家族の問題である。現実は民法八百七十七条にあるように、

1兄弟姉妹は互いに扶養の義務を有する。

2家裁は特別の事情があるときは三親等内の親族間においても扶養の義務を負わせることができる。

のである。よほどのことがない限り、兄弟姉妹はこれを避けて生きることはできない。日本の法律はこうして個人の疾病を、社会が原因であれ、遺伝が原因であれ、責任を家族に負わせるのである。家族は好むと好まざるとにかかわらず、同じ船に乗っているといえる。

こういう社会では個人には努力の限界があると思った。近代民主日本の実態は依然として、古来の封建的家族主義から抜け出ていないのである。この場合、家族主義は悪く働く。私は理解ある妻の協力を得ながら、母と兄の最期を看取った。

妻も一〇人近くの兄弟姉妹の末っ子、私も一〇人兄弟姉妹の末っ子であった。家族の境遇が似ていた。

父が婿養子で、舅との争いで農家の家を長兄にゆだねて、出奔してから得たわずかばかりでも貴重な宅地と、婿養子時の農地の相続が問題になった。そのさい、精神障害者で入院していた兄が、長兄が発起人で依頼した家裁での相続調停に医者の許可を得て、病院から出て来て、次のように証言してくれた。

「弟が医療費を払ってくれているのだから、弟に家の地所は譲ってほしい。自分は弟に放棄する」

このときは少しうれしかった。報われた気がした。次男が長兄のやっている農作業で社会復帰をはかるという考え、善意について、長兄は眼中に置かなかった。たぶん「外聞が悪い」というのが本音であろう。農家がかつての懐の深さを失ってしまったのは残念であった。

こうして長兄と末っ子が父の遺産を農地、宇都宮市街地の宅地として相続したのであった。姉たち三人には相続分を母の預貯金を分割してあげた。兄たちは次男をみるのだからという名目で、相続分は受け取らなかった。預貯金の分割分はあげたものと、あげないものがいた。私は宅地相続の代わりに、母と兄の面倒をみる責任も確約させられた。

結果として、私は銀行勤めの友人の斡旋で一〇〇〇万円を借り、いまもその返済に追われている。

家族で真剣に話し合うことのたいせつさ

精神障害の兄のため、親を含めて家族全体が重大な問題に引き込まれてしまったのだ。「兄弟は他人の始まり」であったし、兄弟姉妹も割り切らないと前へ進めないのであった。しかし私は、これは神の与えた家族への試練だと思っている。家族が悩み考え協議することで、家族に欠けていた内容の話が出てくるように神が仕向けたのだと思う。この問題を抱える日本中の家族は真剣にどうするかを話し合い、いい結論を出して欲しい。

逃げないでとことん家族会議をして欲しい。簡単に他人に解決を委ねないで欲しい。また精神医療関係者にひと言いたい。それはあまりにメンバーあるいはその家族を金銭の対象としないで欲しいということだ。軽蔑する前に「自分の家族に出たら、どうなるだろうか」と考え、思いやりと敬意を忘れないで欲しい。メンバーも元気なときは、世のため人のために尽くすときがあったのだから。

前の病院で家族会の代表をしていたとき、病院の事務の方から、「三〇〇万円、四〇〇万円と医療費をためてしまった家族がいる。なんとか払って貰う手段を知らないですか」と聞かれたことがあった。家族が熱心であるか無責任であるかが、ここに表現されている。こういう問題が生じるのは、家族のほうに、この病気にかかったのは、社会が悪いのだから、また遺伝だとしても俺は元気なのだから、俺は知らないよ、という無責任な態度があるからだ。

他方、医療関係者のほうも、いつまでも施設で抱えていても大丈夫、収入の安定を得るために、保険の点数を稼ぐために、長く病院にいてくれても構わない、という人間よりも金銭上位の考えがあるからだと思う

何よりも本人の生きる意味の喪失、意欲の減退、すなわち病気が原因であるのは事実だが、社会的入院という周囲の要素も見逃せないと私は思う。

こういうマイナスの要素は私にとって宝だと思っている。

次男を自分の作った墓に葬り、墓参りや法事をやるたびに、兄ちゃんは私の守り神だと思う。父母もいない兄もいない、息子も家を出たいま、還暦まで片手になった。妻と二人になって、「兄ちゃんは心まで病んではいなかった。心の深い所で、言葉を超えた所で私

たちに感謝していた。いまは病の苦しさから解放されて、あの世で私たちを守っている」

と、長年兄と連れ添ってきて、そう感じる。

姉の人生、私のこれから

山本由美子

姉の突然の発病に戸惑う

私には三つ上の姉がいました。「いました」と過去形で書くのは、四年前に亡くなり、いまは過去の人になってしまったからです。

一九九九年当時、東京で姉と二人でそれぞれ夢を追って暮らしていました。姉は普通にアルバイトをしていましたが、なんらかのストレスを抱えていたようです。様子がおかしいことに気づきながら、どうすればいいのかまったく分かりませんでした。

とりあえず精神科の病院をタウンページで見て、姉の様子をうかがっていましたが、その翌日に発病してしまいました。

前日に何かあって、その愚痴をわめいていただけでしたが、翌日の朝の姉は私にとって、この世でいちばん恐ろしいモノでした。

私が恐怖に震えながらできたことは、保健所に電話をして、保健婦さんが来るのを待つことだけでした。保健婦さんたちの協力で、姉を入院させました。いまから思うと、発病したのが突然でしたので、対応の仕方が遅かったのではないか、すぐに入院させたのはまずかったのではないか、もっとほかの方法で治療させたほうがよかったのではないか、と思っています。

家族との別れ

姉が入院して半年位まで、私はバイトを続けながら、家族会、家族教室に行き、そのときに兄弟姉妹の会を知り、例会に参加しました。

結局一回しか例会には参加しませんでしたが、自分と同じ想いをもつ人たちとの出会いにただ驚いただけでした。

なんとか私自身もがんばっていこうとしていましたが、経済的にも精神的にも限界で、実家のある岡山県に戻り、姉は転院して、私も休養で入院しました。

地元の病院に移ってからの姉の状態は、東京の病院にいたころとは一八〇度変わったほどの回復ぶりでした。私も休んだお蔭で回復しましたが、自分も当事者になりました。

しかし私は姉とは違い、デイケア、作業所に通い、リハビリをしています。姉は病院が大嫌いになり、退院して自宅に「ひきこもり」になりました。

病院側の対応も薬を飲み、月一回でも外来の診察を受けてくれるだけでマシといった状態でした。ヘタに刺激を与えると何をするか分からず、だれもが姉には手をこまねいていました。

いまから思うと、そのころから姉のことが分からなくなったのです。病気だからというのではなく、何を思い、何がしたいのか、何も言ってくれませんでした。姉のために何をしていいのか分かりませんでした。

それを改めて考えようと思っていた矢先の死。

自殺でした。

自分の苦しみから逃れるために起こした行動なのか、それも分かりません。自殺だといっても、遺書もないし、とくに生活面で困っていたわけでもありません。病気だったからというのは、どうだろうかと思います。

姉は二八歳という年でこの世を去りました。

妹の私はいま二九歳で生きています。

これからは私が長女よ

私は姉を背負うという苦痛から解放されました。それがよかったことなのか、そうでないのか、自問自答していくとともに、心の病をもつ当事者として生き続けています。

姉は病気であろうとなかろうと、分からない人でしたが、人を愛する心、思いやりの心、大きな夢に向かっていく心を、しっかりもっていた人でした。ただちょっとうまくいかなかっただけのことでした。

私もやりたいことがうまくできなかったということもあって、発病しましたが、いまはアルバイトでも続けて働いているし、これからいろいろなことが始まって、忙しい日々になりそうです。

姉が死んで、長女がいなくなったと嘆いていた親に、「これからは私が長女よ」と言ったことがあります。

私は間違っても姉と同じ死に方はしません。できるかもしれませんが、できないでしょう。生き続ける限り、楽しいこと、苦しいこと、いろいろと私の人生もあるでしょう。

私のこれからは、まだまだ果てしなく進み、続いていきます。

見捨てられない兄弟とのきずな

大原修好

弟の三回忌に思う

少し涙が収まってきたので筆をとらせていただきます。

弟の昔のアルバムを見ながら、思いをはせていたら、涙が留め止めもなく出てきてしまいました。

私の弟は、いま風にいうなら「統合失調症」で、中学卒業後一年くらい働いたころから、少しずつ夢と現実の境界線が曖昧になり、日々時間を経るごとに、弟の心は揺れ動かされてきました。

溶き卵のように黄身と白身の区別がなくなり、幻聴をメインとしたその症状が確立されてきました。

それから一七年ほどの間に二回の入院生活があり、施設通い、病院のデイケアを過ごし、三三歳で「たくあん」をのどに詰まらせて窒息して他界しました。

二月二六日が弟の三回忌にあたり、アルバムの彼の幼いころの笑顔や、あどけない無垢な表情を見ていたら涙が……。

いったい彼の人生は何だったのか、何のために生まれて、何のために死んだのか、何を得て、何をこの世に残していったのか。

小学校、中学校時代は、勉強や体力については、ほかの生徒よりも劣っていて、性格も内向的でした。いじめにもあっていた模様……。模様とはそうです、これはあくまで推測です。

本人からは、学校でいじめられているなどとは一言も聞かされていないのですが、何度か学生服を破られて帰宅したのを見ました。弟が入院中に、中学校の担任との連絡帳には、「自分はいじめにあっている」旨の記述がありました。

ただ、この連絡帳には相手の名前はいっさい書いてありませんでした。むしろいじめている人たちも事情があり、いつかはきっと分かってくれると思いますと、そんな内容がしたためてあり、弟のやさしさ、純粋さをいまごろになって感じています。

弟と私の関係とは？

私にとって弟とは？

いわゆる自分は健常者、弟は障害者。私はできるが、弟はできない。常に私はプラス、弟はゼロ。そんな論理をもっていました。

社会通念上の持ち物をもたない弟は、私にとってストレスでした。脈略のない話、意味不明の単語、秩序のない行動。とてもストレスでした。

私の結婚の障害であり、普段は弟がいるために、旅行にも行けませんでした。両親はというと、私と弟は遅くに生まれた子供で、私たちが大人になったころは、父は高齢者、病気がちで、寝たり起きたりの日々でした。

その両親も平成一〇年に母が脳梗塞で、一三年に父が心不全で他界しており、その後は私と弟の二人暮しでした。

「弟が死んだ」のです。

世の中のほとんどの人に認知されず、またごく少数の人たちには障害者、変な人、としてしか認知されず、兄弟の私でさえ「病人」（精神病）としか見ていませんでした。

もう弟はこの世にはいません。

昔、冗談で「お前の病気は死なないと治らない」と言ってしまったことがあります（とくに罪悪感もなく）。

弟は死にました。病気は治ったのでしょうか。あの世というところがあるのなら、弟はあの世で両親と暮らしているのでしょうか。

死んでしまった両親について、自分のしてしまったことについて、罪悪感でいっぱいです。

弟がいるから結婚できない、弟がいるから自由が束縛されている、弟がいるから、弟がいるから……と、被害者意識一〇〇パーセントでした。

いまの私の率直な気持ちとしては、ただ、ただ、弟の深い冥福を祈るとともに、同じ過ちを二度と繰り返さないことを心に誓い、その思いを確固たるものにするための毎日です。

「内観」で懺悔する毎日

最近私は会社を辞めました。私自身精神的に不安定になり、いろいろな人々、いろいろな毎日に疲れ、私は底を歩いていました。

そんなときに「内観」という修養法に出会いました。

この修養法は、両親や兄弟など主に自分にかかわる人々に対して、「お世話になったこと」「お返ししたこと」「迷惑をかけたこと」を、子供のころから年齢順に思い出していくものです。この作業を一週間、朝から晩までたたみ半畳のスペースで、ひたすら思い出し、自分をさらけ出し、告白して懺悔を行なうというものです。

この時間を過ごすことによって、私は自分というものの浅ましさ、愚かさに気づかされ、親、兄弟に対して「申し訳ない」という気持ちで満たされました。

弟はやさしかった。

薬の副作用で手先がおぼつかないのに、私の車を一生懸命に洗ってくれました。

私は鬼でした。

「これじゃ洗車する前より汚いじゃないか！　もうやらなくていい！」

弟はやさしかった。

私が晩ご飯の仕度を始めると、弟はエプロンをして、「兄さんの仕事を手伝います」と言ってくれました。

私は鬼でした。

要領よく仕事ができない弟に、「しっかり物事を判断しろ！」「ぼやぼやするな！」と怒鳴りました。弟は怯えていました。兄さんにいつ怒られるかと怯えていました。洋服をうまくたためない弟を怒鳴り、箸を上手に持てない弟の頭をたたきました。

弟はやさしかった。

「近所の野良猫にえさをあげたいからキャットフード買ってください」と弟は言いました。

私は鬼でした。

「野良猫にキャットフードだとー！　そんな金なんかない。ふざけるな！」

弟は家族仲良く暮らすのが夢でした。一度だけ私の機嫌のよいときに、両親と弟と私でドライブに行きました。弟は天使のようでした。年老いたお父さんの手をひいて歩き、お母さんに笑顔で語りかけ……。

私はやろうと思えば毎日でもそんな家族団らんをできたのに、ノーマルでない環境を嫌いました。そして面倒臭かったのです。楽しいことだけをしたかったのです。

弟は再発がなく、適当に生きていてくれればよいと思いました。私は本当に鬼でした。鬼畜。エリート鬼畜というカテゴリーがあるならばその範疇でしょう。

弟のやさしさは純粋だった

いったいどっちが病人だったのでしょう？　いや、間違いなく私のほうが病人です。純粋なやさしさを、病気の症状や薬の副作用と思い込み、怒鳴り散らしました。

亡くなる一週間くらい前に、「俺は一生結婚できそうにない」と嫌味たらしく弟の前でつぶやきました。そのとき弟は、「僕がいると兄さんが結婚できないのかなあ」と言ったので、私はうなずいてしまいました。

亡くなる二日前の夕食。ホットプレートを出して、鉄板焼き風に、肉ややきそばを焼いたのですが、妙にまずい、味が薄くて、まずいのです。

なぜか私らしくない言葉が出ました。

「悪かったなー、すまん、すまん。いつも俺が怒ってばっかりだから、たまには、兄さん、こんなまずい物作りやがって！　バカヤロー！と、俺に怒ってもいいんだよ」

弟は言いました。

「俺は絶対に怒らないんだなー。どんなに何があっても怒らない。こんなふうにいつもご飯を食べられてありがたいと思うよ」

私と弟の最後の会話らしい会話でした。

弟は死ぬ数時間前の昼食時に、おかずのチキンロール（弟はチキンロールは嫌いではない）を、デイケアの友達に「最後のお礼だよ」と言ってあげたそうです。

自殺でも他殺でもなく、事故死という検死結果でした。

ずっと胃拡張の状態で、いくら食べてもすぐにおなかが減ってしまうという毎日で、よほどおなかがすいていたのでしょう。デイケアの料理実習で作った丸一本の「たくあん」を、よく嚙まないで飲み込んだのです。

弟が発見されたときは、もう意識はなく、蘇生処置の甲斐なく旅立ちました。

私はそのとき、市役所で弟の施設入所につ

いて相談していました。

「弟のことでストレスがいっぱいで、このままではだれも幸せにならない」と、市役所でのうのうと弁を振るっていたときに、弟は逝きました。

私は弟を追い込んだのでしょうか。

私は、弟の病気を見て、弟自身を見ていませんでした。

弟は私自身を見て、社会人、健常者としての私を見ようとしませんでした。

私は弟によって人間にとって必要なものを教えてもらいました。そしてこれからも教えられる、永遠に続く進行形なのでしょう。

二人の兄も精神病院で暮らしている

ここまで書いてはじめて告白します。

私には兄が二人います。

その二人はいま、同じ精神病院の二階と三階に住んでいます。「内観」をする前には、私は彼らを見捨てようと本気で考えていました。

病棟内で幸せを見つけて欲しいと本気で考えていました。

父に対しての罪、母に対しての罪、弟に対しての罪、法に触れないから、世の中が自分に対して同情的であったとしても、決して非難されることもなく、むしろほめられたりして、自分を甘やかして垂れ流してきた罪。

自分を律して、日々自分自身を見られるようになるのでしょうか。

兄が二人生きています、「施錠確認」というラベルの貼ったドアの内側で、世間のだれにも知られずにひっそりと。

私は、弟から教えてもらったことを忠実に守り、兄と接していきたいと思っています。

病気ではなく、その人自身を直視して愛すること。

私だけが発病しませんでした。その現実をしっかり噛みしめ、これから生きて行こう。

私が発病して、ほかの兄弟が健常者だったのかもしれません。鍵の内側の兄弟に対して感謝と尊敬の気持ちでいっぱいです。

私は、健常者という立場にあぐらをかいて、その立場に酔い、罪を犯しました。しかし、いま私は生きています。生かされています。

私は、やさしい人間になります。

やさしい兄弟と、その兄弟を生み育ててくれた偉大な両親、そして世の中の人々に報いるために。
亡き弟の三回忌に捧ぐ。

合掌

弟の闘い

夏野　隆明

調理師を目指していた弟

私はこの原稿を書く資格があるのだろうかと考えた。弟が他界して一〇年の歳月が流れた。一〇年間そのままにしていた実家の弟の部屋も決心して片付けた。

弟はあの日友達の所に行くと出て行って帰らなくなった。あのまま一〇年間のほこりがたまっていた。いろいろなものが出てきた。

弟がなんとか昔のように社会復帰しようとして、いろいろなことをしようとしていたことが、いまさらながら分かって、胸が押し付けられた。

弟は私と二歳違い。男二人の兄弟で小さいころからケンカもし、またよく遊んだ。本当にたくさんの思い出がある。そんな弟が病気になった。病気らしいと思うようになったのは私が社会人になったばかりのころだった。

私は大学に進学したが、弟は高校を出て、そのころのドラマ「前略おふくろ様」にあこがれて、日本料理の調理人を目指して調理師学校に一年行き、有名な料亭のホテルの調理場に入っていた。いい親方にも恵まれ、たまに寮から実家に帰ってくると、大根の「桂むき」の上達や料理の話を嬉しそうにし、両親や私のために覚えたての料理を作ってくれたりした。

私は大学を出たばかりで、初めて世間の荒波にもまれ、社会人としてのたいへんさを痛感していたので、先に社会人となり、バリバリやっている弟を見て誇らしく思い、自分より大人だなあと思った。

慎重派で引っ込み思案な私より社交的で、なんにでも挑戦していく弟の性格は羨ましくもあった。私が大学四年でスキーに初めて行くときも、ウエアや靴などを貸してくれ、また小遣いまでくれた。友人にはお前の家はどっちが兄貴だか分らないなと言われた。

弟の挫折と発病

そんな弟が挫折したのは、いい親方が経営者と意見が合わず、ホテルの料亭をやめてからであった。徒弟制度の残った板前の世界では、親方が辞めるとその弟子たちも辞める。親方は、「しばらく待っていろ」と言ってくれたが、弟は待ちきれず学生時代にアルバイトをしていたほかの親方を頼り、茨城の料理屋へ住み込みで転職した。
一時のアルバイトのつもりだったかもしれない。しかし、そこでの仕事は長く続かず、家に帰ってきた。後で分かることだが、ここでの体験が弟の発病のきっかけだったように思う。

その料理屋で食中毒事故があり、責任を問われたらしいということであった。家に戻った弟は、二年前に新築に建て替えた家の二階の、私の隣の部屋に住んでいた。

最初のうちは、いままで忙しかったのだから、少し休んでまた次の仕事を見つければいい、と両親も私も言っていた。何しろ小さいときから慎重派で、なんでも親を頼りにしていた長男の私と違い、弟はいつも私のお下がりや次男としての割を食ってはいたが、その分、独立心が旺盛で、思い切りがよく、新しいことにも躊躇せず、前向きに向かって行く性格は、私から見るとうらやましいと思っていたくらいなので、そのうちすぐまた自分で新しい仕事を見つけるだろうと思っていた。

しかし、そうはいかなかった。毎日ゴロゴロして過ごすようになり、それが鼻につくようにもなり、また心配でもあった。いまで言う「引きこもり」の状態であったと思う。何度も話をし、説得もし、ときには取っ組み合いのケンカもした。

両親ともぶつかるようになり、家庭内暴力的なことも起こるようになった。途中、下町の親戚の家に下宿することもあったが、長くは続かなかった。そのうち、近所の人間や周りの人間は、変な噂ばかりしてろくな奴ではない、などと言ったりするようになった。

しかし、当時は家族には病気という認識もなく、いや、認めたくなかっただけかもしれないが、医療や保健婦さんに相談するという発想はなかった。なんとか説得して昔のようにはつらつとして、生き生きとした弟に戻って欲しいと願っていた。

不潔恐怖症だった私

実は私のほうが先に心の病に犯されていた。高校生のときにあることがきっかけで潔癖症になってしまった。いま思うとなんであんなことと思うのだが、いわゆる不潔恐怖症という状態になってしまった。

最初は単にきれい好きという程度だったが、完璧を目指す性格が災いして、そのうち何でも汚いと思うようになった。手を洗う回数が多くなり、物を拭く回数が多くなり、風呂の時間、トイレの時間が長くなり、なんにでもカバーをしたりするようになった。また、汚いと思うもの（実際は汚くなくても自分がそう思うもの。実際には汚くても自分がそう思わないものは平気）には手袋をして触るようになってしまった。

手を洗う回数が多くなるので、冬場は、とうとう、あかぎれで手の甲がすべてひび割れ、血が噴き出す始末だった。自分でもおかしい、異常だと思いながらもやめられない。そして自分のことだけでなく、家族のことにも干渉するようになった。

とくに弟には、パンツのまま座るな、汚い手でこれを触るな、と、ことあるごとに言うようになった。そのため取っ組み合いの大ゲンカをすることもたびたびだった。ただ、ある時期までは、弟も兄貴に一目置いてくれていたのか、二歳上の私の体力が優っていたのか、ケンカをしてもいつも負けて、しぶしぶ従ってくれた。

両親もお前のほうが悪いと私に言ったが、おかしいと分かっていても、そうせざるを得なかった。しかし、弟も高校に行くと体格が私より大きくなり、柔道などもするようになって、ケンカも負けないようになってきて、私もむきになるので、よりひどいケンカになった。両親にも相当心配をかけた。人生でいちばん楽しいはずの青春時代の大半を、つまらないこだわりで無駄にし、周りの人に多大の迷惑をかけた。

このときは、私と違い、おおらかに、のびのびと高校時代の青春を謳歌する弟に嫉妬したものだ。また、いま思うと、このときは本当に迷惑をかけた、またよく我慢してくれたと申し訳ない気持ちでいっぱいである。いま、この世に弟がいれば、このときのことを本当にわびたい。また、我慢してくれたことにお礼を言いたい。

この私の「汚ながり」は、大学に入って武道部でしごかれたことなどがきっかけで、三年ぐらいで治ったが、このときは家族、とくに弟にはたいへんな迷惑をかけたと思っている。

言い争いと喧嘩の日々、そして入院

そんな弟が今度は心の病になったとき、なんとしても治してやりたいと思った。しかし、日に日に言い合い、けんかが絶えなくなり、まだ心の病だという認識もなく、冷静に話し合えば、また、叱咤激励すれば、思い切って外に引きずり出せば、なんとかなると思っていた。しかし、状態はだんだんひどくなり、私と取っ組み合いをすることも日常茶飯事となり、大の大人の大喧嘩なので相当危ない状態になってきた。

酒も多量に飲むようになり、酒をやめさせようとして焼酎一本を目の前でトイレに流したりもした。ただ、攻撃が外に向かないだけ幸いであった。そして一年ぐらいは経ったであろうか、やっと保健所の相談窓口から代々木病院のNケースワーカーにつながり、弟に面談に来てくれるというときになって、ついに弟は暴発した。

家の中をめちゃくちゃにし、家の前の下宿の学生さんに取り押さえられ警察沙汰になった。担当の刑事さんの配慮で代々木病院に搬送され、私も仕事先から呼び出されすぐ向かった。

「仕事に行くんだからここから早く帰してくれ」と叫ぶ弟を押さえつけ、なだめ、鎮静剤を打ってもらい、一晩を過ごした。

結局、代々木病院では開放病棟しかなく、いまの状態では入院は無理だと言われ、I病院へ行くことになった。それをどう弟に説得しようかと考えあぐねたが、弟は意外にも代々木病院の人に「お世話になりました」と言って、素直に搬送の救急車に乗った。

両親も私も保健婦さんもいっしょであった。このとき、もう六〇歳を過ぎた父が泣くのを初めて見た。東京郊外にあったこの病院は、一見して精神病院と分かる鉄格子のはまった病院であった。

その扉に鍵のかかった部屋に入れられると、「看護婦さん、ここを開けてください」と扉をたたいて弟は叫んだ。覚悟して行ったとはいえ、弟のその声を聞くのは耐えられなかった。

担当医師は男勝りの中年女性であったが、このような修羅場は慣れていると見え、落ち着いて淡々と説明をしていた。何を言われたか覚えていないが、そのときは事務的で冷たい印象があった。帰り道、このような入院のさせ方をし、弟には申し訳ないと思いながらも、これで医療につながると、私も両親もある種の安堵感があった。弟が二四歳のときであった。

順調な回復と社会復帰

その後、順調に経過は進み、閉鎖病棟もほどなく出て、開放病棟に移った。しかし、入院後初めての面会では、薬のせいか、あの目の血走っていた弟はなく、穏やかといえばそうなのだが、覇気のない無感情な弟の表情が印象に残っている。

そこでは作業療法として昼間、クリーニング屋でじゅうたんクリーニングのアルバイトをしたりしていた。そのうち表情にも喜怒哀楽が少し出るようになり、無理にでも入院させてよかったと思った。そして何度かの外泊を経て一年二ヶ月後、ようやく退院することになった。

入院中での生活はあまり話したがらなかったが、あとで弟に聞いたところによると、精神病院での扱いというのはやはり、人権を無視されるような屈辱的な扱いであり、二度と戻りたくないと言っていた。その後、その病院の担当主治医であるあの男勝りの女医先生がやっている個人診療所に通いながら自宅療養になった。

このころは順調に回復していたと思う。しかし、お酒だけは飲めなくなっていた。これは主治医の判断により、お酒を飲めない薬を服用していたためだが、本人にはそのことは知らされず、入院してから酒に弱くなったと言っていた。ただ、この順調すぎる回復があとの判断の妨げになったのかも知れない。

おりしもバブル景気のころで、アルバイト的な仕事も結構あり、フリーターというような人間がそう目立たないころでもあった。もともと調理関係の仕事が好きだったので、調理の仕事ではなかったが、デパートの社員食堂で配膳の仕事にめぐりあい、アルバイトを始めた。そこには学生や主婦、また、結構年配のフリーターなど、いろいろな同僚がおり、上司にも恵まれ、給与も悪くなく、やっとこれで社会復帰ができてよかったと思った。私とも夏休みに海水浴やキャンプなどを楽しむようになった。

ベルギーへの旅立ち

このうまく行き過ぎた社会復帰が、第二の弟の大きな挫折の原因となってしまった。弟はそんな仕事をしているなかで、いろいろな仲間と話しているうちに、どうしてもまた料理の道をやり直したいと思うようになった。

学生時代の仲のよい友人が、ベルギーで飲食関係の仕事をしていて、その友人にこちらのホテルで新しい調理の人間を募集していると聞き、どうしてもそこへ行きたいと言い出した。もちろん私をはじめ両親も反対した。順調に回復したとはいえ、薬も服用しており、精神科に通院もしているわけで、それを目の届かない外国へ何年も行かせるというようなことは、とても無謀だと思えた。

弟は本当に熱心に自分の思いを語った。あるとき上野の美術館に「日展」をいっしょに見に行った帰り、お茶を飲みながら理路整然と自分のことを話し、どうしてももう一度料理の道をやり直したいと私に言った。私も両親もなんとか目の届く所にいさせようと、料理がやりたいなら日本でもできるではないか、いまはウエイターの仕事だが、少しずつ調理の仕事を始めてみたらなどと説得した。

弟の気持ちは強かった。まじめに真剣に話す弟に、今回のベルギー行きをあきらめさせるのは酷なことだと思うようになった。最後まで反対していた母を説得する形で、薬を持って行って、必ず飲み続けるという約束のもとに送り出すことにした。

一九九〇年の春のことである。弟は三一歳になっていた。

主治医には本当のことを言わなかった。言えばあの冷たい主治医には、だめだと言われるに決まっていると思ったからだ。それもあとで思えば誤りだったのかもしれない。ここまで回復したのは主治医のおかげなのだろうが、本人の前で平気で「精神分裂病」と病名が書かれたカルテを広げる主治医とは、本当の信頼関係が築かれていなかった。主治医にはしばらく少し遠くへ行くのでと言って、多めに薬をもらい、あとは送ることにして、薬は必ず飲むようにと弟に話した。

しかし、あとから思うと、弟はこれをきっかけに薬をやめて、完全にもとのように立ち直ろうと決心していたようだ。それが再発、そして二度目の挫折へとつながってしまう。

ベルギー行きが決まってからの弟は、いままでアルバイトでためた小遣いを使って、ブランド物の洋服やコートを買い、楽しそうに準備をしていた。それを見ていると、許してやってよかったと思ったが、出発の当日になって家を出る弟は不安げな表情だった。

成田まで父と見送りに行ったが、ベルギーにいっしょに行く自分よりも一〇歳も若い仲間と、ホテルの関係者の話を聞く弟の表情は沈んだ感じで、最後に見送ったエスカレーターの後ろ姿に一抹の不安を覚えた。

弟はベルギーに着いて一ヶ月、二ヶ月経っても便りはいっさいよこさず、残っている両親と私はどうしているのだろうと、不安が増してきた。現地の様子をこちらの会社の関係者を通して聞いてもらい、なんとか無事でいることだけは確認できた。

五ヶ月間の海外生活から帰国して

父が夏休みにヨーロッパ旅行に行くと称して、弟に会いに行くことになった。帰ってきた父の話を聞き、あまり現地で仲間と交わらないことや、写真に写った弟のやせた姿と暗い表情を見て不安はますます募ってきた。

まもなくこの不安は的中した。少しして弟は、足に「すのこ」の大きなささくれが刺さり、その経過が悪く、歩けなくなったことをきっかけに帰ってきた。五ヶ月間の海外生活だった。

帰ってきた弟のその表情を一目見て、これは尋常でないと直感した。それからはまた前と同じ、いや薬を飲むことをやめていたため、前にもまして言動が荒れてきた。カセットテープの同じ曲を何時間も聞いたり、スイッチを入れたり消したり、夜中に両親や私を起こして当たったり、ということが続いた。

代々木病院のNケースワーカーに紹介されて「兄弟姉妹の会」に入っていた私は、多少病気のことも理解しており、言い争うことなく、じっくり話を何時間も聞いてやると、落ち着いてきて素直に話をするようになった。

何度か受診を試み失敗しながら、また鎮静剤の水薬を黙って飲ませながら、なんとか帰国二〇日後に代々木病院に受診させることに成功した。

その後は入院させることもなく、通院で服薬を再開しながら、好不調の波はあったが、なんとか暮らしていった。ときどき私とハイキングに行ったり、「兄弟姉妹の会」のレクリエーションに参加したりもした。

弟が帰国して一年が過ぎ、弟も通院を続けて状態が落ち着いたころ、私は「兄弟姉妹の会」で知り合ったいまの家内と結婚した。家内にも私より一つ年下の病気の兄がおり、同じ境遇同士の結婚で、互いの兄弟が具合の悪いときなどは苦労したが、病気のことを隠さず話せ、相談できたことは、私にとっては随分と救いになった。

三〇歳を超えている弟は、なんとか社会復帰しようと、いろいろな仕事をやろうとした。私の結婚した式場の喫茶店のウエイターをやったり、スーパー銭湯の軽食の簡単な調理をやったり、近所のディスカウントストアーの店員をやったりした。しかし、ある程度仕事が慣れてくると、病気のことを知らない経営者は弟に、よりレベルの高い仕事をやってもらおうとし、弟もなんとかまた前のように社会復帰をしようとして頑張り、疲れて長続きしないということが何度もあった。

世間ではバブルが崩壊し、そのしわ寄せが弱い立場の雇用に響いてきていた。

弟はこの病気の人がよくあるように、世間が浮かれる行事があるときなど、決まって具合が悪くなった。クリスマスやお正月、誕生日、結婚式、出産などがあると何か不安になり、また、自分の境遇と照らし合わせ、落差を感じるようだった。

私が結婚して弟と離れて親の家を出て、歩いて一五分ほどのところに所帯をもってからも、よく弟は遊びに来た。仕事の相談があるときなど、よく近くの公園で話をした。私がいないときは家内が相手をすることもあった。

しかし、独身のときとは違い、弟と接する時間は少なくなっていた。そんな私を弟は前より頼りにならないと感じていたかもしれない。兄貴に相談してももらうしょうがないと思っていたかもしれない。

結婚して翌年の春、私にも娘が誕生した。このときも弟は自分の姪ができた喜びより、これで結婚して別所帯を持った私がますます離れて行くと感じたかもしれない。あまり喜ばなかった。むしろ出産直後に母が弟を病院に呼んだが、不機嫌だった。

娘が生まれてからは、私も家族も娘にかかりきりだった面はあったかもしれない。弟のことを忘れていた訳ではないのだが、やはり弟は寂しさを覚えていたのかもしれない。叔父として生まれたばかりの赤ん坊を前にして、娘が成長して行くなかで自分のことを聞かれたとき、もっとしっかりしなくてはと思ったかもしれない。いや、いま思えば、弟ならそう思ったに違いない。

具合がいいときなど弟は、「兄貴は、これからは女房と子供のことだけを考えていけばいいんだから」などと言ったりすることもあった。

大きな満月の日に帰らぬ人となった弟

娘が生まれて五ヶ月ほど経ったころだった。私の誕生日に弟が私のアパートに訪ねてきた。あいにくそのときは留守をしていて、弟は「近くの公園にしばらくいるから、兄貴が早く帰ってきたら、来てみてくれ」と家内に言付けていたのだが、少し遅く帰ってきた私は疲れていて、会いに行かなかった。次の日も会うのでいいと思っていた。

そのとき弟は、私が保健婦さんと相談して、近日中に木工の職業訓練を始めようとしているときだった。次の日実家に行き、弟に昨日のことを謝り、木工の仕事はどうしようかなどということを少し話したが、そのときは、あまり深い内容は話さなかった。前の日、弟はそのことを話そうと思っていたのだと思う。そしてその次の日、弟は帰らぬ人となってしまった。

九月の妙に大きな満月が夕方から出ていた日だった。弟が家を出て行くとき、母がどこに行くのと聞いたそうだが、「ちょっとそこの友達のところまで」と言って出て行き、病気になってからもいちばん仲のよかった幼友達の家の傍らを通って、一時間近く歩いた末、なじみのあるビルの途中から、「病気と闘うのに疲れた、両親と私と友達にありがとう」と書き残して、飛び立っていってしまった。

そのビルは、以前、弟は得意だった器械体操を生かして、アクションエキストラをやろうとしたこともあったのだが、病気になってからやはり立ち直ろうと昔の夢を求めて尋ねたことがあるプロダクションのあるビルだった。

発病し、入院して一〇年。社会復帰し再起をかけてベルギーに行き、再発して帰国して三年。三四歳の短い生涯だった。

病気でも生きていてほしかった

なぜ、あのとき話を聞いてやらなかったのか。なぜ、これほどまで思いつめていたことを分かってやれなかったのか。なぜ、もっと気をつけてやれなかったのか。なぜ、なぜ、なぜ、………。

後悔が何度も何度も出てきて、何度も何度も泣いた。私があまり泣くので本当に泣きたい母はさぞもっとつらかっただろうと思う。それから毎月弟の墓参りに行っている。母とはよくいっしょに行った。それまでもお彼岸のお墓参りには必ず家族で行っていた。弟が逝く一〇日前にも、弟もいっしょに家族で行った。それから一〇年の歳月が流れた。子どもに先立たれ、つらい思いをした母も三年前に他界した。いまは一人で毎月、墓前で天国に行った二人に話しかけている。お彼岸には父や家族と行く。

弟が逝って一〇年が経ち、いま思うことは、あのとき弟は本当によくなりかけていたということだ。兄の私が結婚し、姪ができて、自分もしっかりしようと思っていたに違いな

い。しかし、この病気はそういうときが一番危ない。

有名なN医師が書いた本で言っている。

長い闘病生活の末、本当に治って、果たして幸せなのだろうか。治っていままでの時の長さを省みたとき、本人はかけがえのない、輝いたはずのその時を、つらい思いで過ごしたことをどう思うかを考えたとき、本当に完全に治ることがいいのだろうか、と言っていたことを思い出す。

こんなことを言うと、いま苦しんでいる人に怒られるかもしれないが、弟は病気がよくなっていなければ、荒れてたいへんなこともあったと思うが、少なくとも生きていたのではないか。生きていれば具合がいいときは昔の兄弟の話をすることもできた。父も年老いてきたいま、これから先、自分の育ってきた昔のことを話せるたった一人の兄弟がいないことは、どれほど寂しいか。

弟が亡くなったとき、「兄弟姉妹の会」を紹介してくれたNケースワーカーが言った。

「弟さんは自分で自分の人生を決めて、決まりをつけたんだからすごいじゃないか」と。

本当に弟は最後まで兄よりできすぎた弟で、物事をはっきりと自分で決めることができる奴だった。

でも、本当はもっとぐずぐずして欲しかった。当たられてもいいから、生きていて欲しかった。同じ病気だった家内の兄も三年前、突然の心臓発作で他界してしまった。長年の服薬や飲酒が、心臓に負担だったのかもしれない。家内の兄は私たちの娘にはとても優しい伯父だった。「兄弟姉妹の会」で出会って結婚して、お互いの兄弟のことを考え、思い合えると思っても、もう二人とも兄弟はいなくなってしまった。

いま「兄弟姉妹の会」とのかかわりは、家内がニュースの発送を手伝ったりしているくらいだ。私もたまにレクリエーションに参加する。

これからは、いま、待ったなしで、問題に直面している会員の方たちに、いままでの私たちの経験で何か役に立てることがあればいいと思っている。

いま、小学五年になる娘には、お互いの兄弟の病気のことはまだ話していない。私の弟の最期も詳しくは話していない。家内の兄の様子を二年生まで見て育ち、「兄弟姉妹の会」のレクリエーションに連れて行ったりはしているので、「兄弟姉妹の会」がどんなものかは、ある程度感じているとは思う。しかし、娘自身、感じやすい部分もあるので、まずは心身ともに健康で朗らかに生きられるよう育てていきたいと思っている。そして、将来この本を見せて、お互いの兄弟のことを話そうと思っている。

檸檬の水母（あとがきに代えて）

笑顔の人に出会うと、いつも、いつの間にか僕は考えていることがある。

幸福というのは、幸せと福という字でできているが、このバランスは5対5なのだろうか。たとえば、幸のほうが限りなく10に近い9で、福のほうが逆に極限的の0のすぐとなりの1であっても、幸福として成り立つのだろうか、と。

電話でも、心の優しい人は自然に笑顔を浮かべて話をしている。町を歩いていても、お母さんが子どもの手を引いているときの顔は微笑んでいる。笑顔を商売にしている芸能人はともかくとして、直接もうけや得にならないはずのことなのに、どんな人でさえも、心地よさをその相手と享受したいときには、笑みが自然に顔ににじみ出るのは、その大小は人それぞれだとしても、やはり「幸福」だからだろう。

三歳上の兄が病気になってからというものは、わが家には、しばらく「笑顔」というものがあった記憶がない。テレビも何もつけず、家中みんなが一つの部屋に集まって、青白い顔をした兄のうわ言のような話を、無表情のまま、ずっと聞いていた気がする。

当時、「エクソシスト」というホラーの洋画があったが、時間ごとに兄の表情や言動が変わるさまは、まさに心の病に「とり憑かれた」という感じだった。悲観的な言い方になってしまうが、あのときは医学などの人間の知恵などで直るものとは、とても思えなかった。精神科医が気休めに言う「治る」ではなくて、悲惨な病気に身内が捕らえられてしまった家族としては「直る」と言ってほしいのが本音なのだから。

そうなると、近所・親戚・友人など、だれにも知られずに直すには、超人的（非人間的）な力に頼るしかなく、さらにだれにも知られなくするために、わが家のなか以外の一切の交流を断ち切ろうとするようになるのは、むしろ当然の事なのではないだろうか。

当時僕は高校生だったが、学校に行くと、別世界から久しぶりに戻ってきたような錯覚に陥った。毎日通っている高校そのものが、いつもと変わらないため、そこにいる間は、つかの間の別次元にいるような感じで、まるで、学校と家との間にパラレルワールドへの見えないトンネルが存在するようで、もう二度とそんな道は通りたくないのに、どうしてもそこしか通れなかったような………。

そうして、神でも仏でも先祖でも、なんでもいいから家中で手当たり次第に拝むようになる。

母は、心臓が悪くて自分のことさえたいへんなはずだったのに、兄の病気が直るのを必死で拝んでいるうちに眠ってしまったのだろう、何日も何週間も何ヶ月も見続けるにつけ、いつの間にか僕は、母が拝んでいる対象の神仏を憎むようになっていった。

自分や家族の者に、ついてないようなことが起こると、「そうか、そんなに神仏は兄を心の病にした自らの落ち度を隠そうとして、あるいは逆恨みをしているから、こんなふうにわが家にしてくるんだ」と思って、必死になって「神仏を狩る」方法を探したものだった。

もちろん、その代償として、自分の命は神仏世界への道があるなら、失ってもいい、あるいは失って当然だと思った。本当は全然その意志も形も違うのだが、なぜか第二次世界大戦のときの「神風特攻隊」に憧憬の念を抱いたりしていた。

幸せとか、福とか、そんなことを考える余裕は、これっぽっちもなかった。僕の過去のある「時代」は、本当にこんなふうだった。

そんなときに、兄弟姉妹の会に出会って、うれしさのあまり前日は寝つかれず、そのときの会場（たまたま新年会）であった飲み屋さんに、匍匐前進するような必死な気持ちで入ったのを、まるで昨日のことのように思い出すときがある。そこにいた人たちは、温かかった。同じきょうだいのことで苦しんでいるはずなのに、みんなの顔に温もりが感じられた。

ずっと、この世の中で自分一人だけ終わらない闇夜をさ迷い続けていると思っていたのに、こんなにも近くに、きょうだいのことを自分のことのように、包み隠さず話せる仲間がいた。「同期の桜」の歌のように、戦友という人たちにめぐり合えた気がした。平成二年一月のことだった。

それからというものは、毎月僕は例会に参加し続けた。最初は、病気になった兄への恨み（兄が病気によって起こした暴力の数々）を話し、それが尽きるまで毎回話し続けていた。そしたら、いつの間にか次には、兄の病気になって受けたつらさや怒りの感情の代弁などをしたりしていた。そうして数年前からは、兄弟姉妹の会のみんなのつらさや怒りを代弁し、あるいはだれかがきょうだいのことでいいことがあれば、その知恵をみんなに話した。こうして僕自身の例会・そして兄弟姉妹の会へのかかわり方が変化していった。

えっ？　そりゃ、そうでしょう。

だって、自分が泣くのも、人が泣いているのを見るのも、「もう、たくさん！」だから。

話は変わるが、クラゲは一つの生き物に見えるけれど、じつは群生といって、たくさんの小さなクラゲが集まって、その姿をなしている。

いままでの、この本のみんなの話を見てきて、もうお分かりいただけたとおり、兄・弟・姉・妹それぞれの立場によって、また統合失調症の種類や程度によって、まるでもう一つの地球があるかのように、千差万別の感情が存在するのだ。

僕は七年もの間、東京兄弟姉妹の会の代表を、みんなに支えられて、務めさせていただいたので、たまたま僕の話だけがいろんな媒体に登場したりしているが、本当は会員の数の分だけ、いや兄弟姉妹の立場の人の数だけ、数多くの思いが、あるときどこかでポロリと出た僕の名前の内側には無数に存在しているのだ。

その一つ一つは、それぞれが、ときに悲しくて、つらくて、切なくて、甘くて、ほろ苦くて、そう、まるで小宇宙のようなレモンの味をおそらく人知れず携えながら。

この小宇宙のレモンの味をした無数のクラゲが寄り集まって、僕たち兄弟姉妹の会は、できている。だれが主役でも、いちばん下でもない。二十数年いようと、今日入ろうと、みんな対等の「兄弟」関係であるが故の、群生の、「れもんのくらげ」なのだ。

それ自体は、幸せでも福でもないかもしれないけれど、それを求める人には、夜明けの始発の電車を待つための、雨露や冷たい風をしのぐための、真夜中の駅の待合室くらいの役目は果たせるのではないかと思う。

さあ、全国の兄弟姉妹の立場のみなさん、この待合室で、いっぱい愚痴を話して、泣いて、共感して、笑って、心が温かくなったら、どうぞ自分のこれからの幸福へのレールを見定めて、あなたの人生を、自分が楽なペースで旅立ってくださいね。

そう、だって、「幸福」の似合わない人など、この世には、一人だって、いはしないのだから。

（東京兄弟姉妹の会）小沼洋行

精神障害のきょうだいがいます

2005年３月31日初版発行
編者　兄弟姉妹の会

発行所　心願社
〒101-0051東京都千代田区神田神保町１-44　駿河台ビル
電話　03-3259-4512
振替　00160-6-176782

発売元　はる書房
〒101-0051東京都千代田区神田神保町１-44　駿河台ビル
電話　03-3293-8549
振替　00110-6-33327

印刷　中央精版印刷

ISBN4-9902342-0-0 C0036

「兄弟姉妹の会」について

兄弟姉妹の会は精神障害者をきょうだいに持つ人たちの集まりです。東京、川崎、横浜、千葉、さいたま、伊勢原・秦野、東海、佐賀、大阪、兵庫、新潟、札幌などにあり、それぞれ独自に活動しています。統一的な組織ではありませんが、互いに連絡を取り合いながら、コミュニケーションを深めています。

会の基本は例会での話し合いです。

病気のきょうだいのことで悩んでいることや困っていることを、みんなで話し合って、どうするのがいいのか知恵を出し合っています。

また精神科医やソーシャルワーカーなどの専門家を招いての勉強会、作業所やグループホームなどの見学会を行なっている会もあります。

仲間との出会いや、病気の正しい知識、利用できる福祉制度を知ることは、精神障害を持つきょうだいとの関係をよりよいものにするのに役立ち、壊れそうな家族関係を支える一つの力になります。

兄弟姉妹の会についての問い合わせは下記宛に、できれば文書にてお願いいたします。一人でも多くの方が兄弟姉妹の会の扉を開けることを願っています。

〒101-0051
東京都千代田区神田神保町１-44駿河台ビル１階
有限会社心願社（大澤豊）